ZEYNEP SELVİLİ ÇARMIKLI

PEMBE FİLİ DÜŞÜN-ME

Pembe Fili Düşünme / *Zeynep Selvili Çarmıklı*

Yayıncı ve Matbaa Sertifika No: 44066

Yayıma hazırlayan Hakan Güngör
Kapak tasarım Füsun Turcan Elmasoğlu
Sayfa tasarım Rüveyda Kul

ISBN: 978-975-10-3876-0

21 22 23   27 26 25
İstanbul, 2021

Baskı ve Cilt
İnkılâp Kitabevi Yayın Sanayi ve Ticaret AŞ
Çobançeşme Mah. Sanayi Cad. Altay Sk. No. 8
34196 Yenibosna – İstanbul
Tel : (0212) 496 11 11 (Pbx)

İnkılâp Kitabevi Yayın Sanayi ve Ticaret AŞ
Çobançeşme Mah. Sanayi Cad. Altay Sk. No. 8
34196 Yenibosna – İstanbul
Tel : (0212) 496 11 11 (Pbx)
Faks : (0212) 496 11 12
posta@inkilap.com
inkilap.com

ZEYNEP SELVİLİ ÇARMIKLI

PEMBE FİLİ DÜŞÜNME

İNKILÂP 92. yıl

Zeynep Selvili Çarmıklı

26 Haziran 1987'de İzmir'de doğan Zeynep Selvili Çarmıklı, psikolog olma hayaliyle büyümedi. Önceleri balerin olmak istiyordu. İlk köpeği hastalanınca da veteriner olmak istediğine karar verdi. Yedi yaşına kadar ailesiyle yılın yarısını İzmir'de, yarısını ise Miami'de geçirdi.

Zeynep Selvili Çarmıklı psikolojiye İzmir Saint-Joseph Fransız Lisesi'nde okuduğu dönemde gittiği Princeton ve Georgetown üniversitelerinin yaz okullarında merak saldığını düşünüyor ama insan ruhuna olan merakının altında belki de annesinin hep tekrarladığı "Her şey insan için," sözü yatıyor.

Miami Üniversitesi'nde psikoloji ve sinema eğitimi alan Zeynep Selvili Çarmıklı, uygulamalı psikoloji alanındaki yüksek lisansını ise New York Üniversitesi'nde tamamladı. "Bilişsel Davranışçı Terapi" ve "Şema Terapi Uluslararası Sertifikasyon" eğitimlerini aldı. Bir yandan da "Mindfulness" (Bilinçli Farkındalık) ve "Öz-Şefkat" konularına odaklandı. "Kabul ve Kararlılık Terapisi", "Şefkat Odaklı Terapi" ve "Öz-Şefkatli Farkındalık" konularında pek çok uluslararası eğitime katıldı. 2017 yılında Türkiye'nin ilk "Öz-Şefkatli Farkındalık" (Mindful Self-Compassion) eğitmeni olmaya hak kazandı ve Bahçeşehir Üniversitesi'nde 8 haftalık "Öz-Şefkatli Farkındalık" eğitimini vermeye başladı.

Zeynep Selvili Çarmıklı artık iki kedisi, bir köpeği ve hayat arkadaşıyla birlikte İstanbul'da yaşıyor. Etik vejetaryenliği benimsemiş bir hayvansever olan Zeynep Selvili Çarmıklı'nın günlük hayat favorileri arasında insan hikâyelerini konu alan belgeseller, meditasyon, yalancı mantı soslu karabuğdaylı ıspanak ve yazı yazmak geliyor.

Zeynep Selvili Çarmıklı kendi kendisinin en iyi arkadaşı olmanın yollarını keşfetmeye devam ediyor.

İÇİNDEKİLER

Annem'e...

PEMBE FİLİ DÜŞÜNME HAKKINDA NE DEDİLER?

Psikolog Zeynep Selvili Çarmıklı, bu enfes kitapta, insanların nelerle bocaladığına ve nasıl daha mutlu, daha dolu dolu bir yaşam sürebileceğine dair sorulara çağdaş, bilim temelli yanıtlar öneriyor. İşin sırrı, *kabul etmek*ten geçiyor: anlık deneyimlerimizi ve kendimizi kabul etmek. Söylemesi kolay, uygulaması zor bir şey. Neyse ki Zeynep Selvili Çarmıklı'nın kişisel öyküleri, deneyimleri ve profesyonel içgörüsü bu konuda bize yol gösteriyor. Hayatınıza bir daha asla aynı gözle bakamayacaksınız!

Christopher Germer, Ph.D.
Harvard Tıp Fakültesi Psikiyatri Öğretim Üyesi
Öz-Şefkatli Farkındalık (Mindful Self-Compassion)
programının kurucu ortağı
The Mindful Path to Self-Compassion'ın yazarı

Yepyeni, egzotik bir yere seyahat edecek olsanız, tabii ki akıllılık edip yolculuğunuza önceden hazırlanırdınız. Keşfedilmeyi bekleyen bu toprakların muhteşem fırsatlar sunduğunu ama bir o kadar da zorlayıcı olduğunu varsayalım. Seyahate giderken amaçlarınızı önceden saptardınız, değil mi? Gideceğiniz yeri bilseniz, neleri keşfedeceğinizi daha iyi planlayabilirdiniz. Ayrıca haritaya ve pusulaya sahip olmak da hayatınızı kolaylaştırırdı. İdeal şartlarda, seyahat sırasında yanınızda bir rehber olurdu. Bölgenin özelliklerini çok iyi bilecek, hayal edebileceğiniz en iyi rehberi seçerdiniz. Ülkenin yeryüzü şekillerine, yollarına, iklimine, kısacası tüm ayrıntılarına hâkim olurdu. Dahası, öyle mükemmel bir rehber seçerdiniz ki bölgedeki kültürü çok iyi tanır, dili kusursuz konuşurdu. Bu rehber, herhangi bir dayatma ya da yönlendirme yapmaz, size amaçlarınızın ne olması gerektiğini söylemekten kaçınırdı. Bilgelik, güç ve bağlılıkla yanınızda olur, yolculuğunuz boyunca bir şeyler öğrenmenize katkıda bulunurdu. Onunla birkaç seyahatten sonra kendi ayaklarınız üzerinde durabilir, kendi kendinize rehberlik ederek tek başınıza yolculuk edebilecek duruma gelirdiniz.

Zeynep Selvili Çarmıklı anlamlı, hedeflere sahip, canlılık dolu bir yaşamı keşif yolculuğundaki ideal rehberiniz. Ancak sizi götüreceği bu yeni topraklar pek de uzak sayılmaz. Söz konusu olan, korkularınızla yüzleşerek ve kendi değerlerinizin her köşebaşında yanınızda olduğunu idrak ederek geçirebileceğiniz zengin bir yaşam fırsatı. Yapmamız gereken tek şey bu yolculuğa çıkmak, kendi düşüncelerimiz ve duygularımızla yeni bir ilişki biçimi geliştirmek ve amaçlarımıza dair derin bir farkındalığa sahip olabilmek için sorumluluk almak. Zeynep en yeni, çağdaş kabul ve şefkat temelli psikoterapi konusunda donanımlı bir uzmandan öte, her okurla özenle ilgilenen, bilge bir dost. Zeynep, kaygı ile kendi mücadelesi sırasında ateş çemberinden geçmiş ve sonunda hayatı tüm yönleriyle, olduğu gibi kucaklamanızı ve yürekten yaşamanızı sağlayacak bilgilerle çıkagelmiş. Daha önce onunla çalışma şansına sahip oldum ve konuya olan hâkimiyeti kadar siz okurları radikal dönüşüm potansiyelinizi kullanarak kişisel özgürleşme sürecinizde desteklemek için nasıl kararlı olduğunu da gördüm. Bu yolculuk için size bu muhteşem, anlaşılır ve eğlenceli eserin yazarından daha iyi bir rehber öneremezdim. Siz okurlara, anlamlı bir hayata doğru yelken açarken bol şans ve heyecan diliyorum.

Dennis Tirch, Ph.D.
Şefkat Odaklı Terapi Merkezi'nin
(Center for Compassion Focused Therapy) kurucusu
Uluslararası Bağlamsal Davranışçı Bilimler Derneği (ACBS) Başkanı
ACT Practitioner's Guide to Science of Compassion'ın yazarlarından

Pembe Fili Düşünme modern, kabul temelli psikolojiye çok güzel bir giriş noktası. Size yalnız olmadığınızı hissettirecek kadar kişisel öykülerle bezeli. Kuramlardan son derece anlaşılır bir dille söz ediyor. Kendinizi eksiksiz bir bütün olarak anlamayı ve kabul etmeyi öğrenebilmeniz için düşünülmüş. Zeynep bu kitaptan bir kişisel gelişim değil, kişisel kabul kitabı olarak bahsediyor. Zeynep de ben de acı çekmenin ne anlama geldiğini çok iyi biliyoruz. Kişisel kabul düşüncesinin bazen imkânsız göründüğünü de biliyoruz. Kitabı elinize alın, biraz okuyun, kendi acınızın, iç sıkıntınızın örgüsünü ve başkalarıyla aranızda nasıl bir bağ kurduğunu anlayın. Bu kitabın bir mesajı var: Hayatınızı ele almak, iyileştirmek elinizde. Gelin, buradan başlayın ve iyileşme serüveninde bize katılın.

Kelly G. Wilson, Ph.D.
Psikoloji Profesörü, Mississippi Üniversitesi
Kabul ve Kararlılık Terapisi kurucularından
Kabul ve Kararlılık Terapisi'nin
(Acceptance and Commitment Therapy) yazarlarından
Acceptance and Commitment Therapy:
The Process and Practice of Mindful Change'in yazarı

Duygusal mükemmeliyetçiliğin egemen olduğu ve duyguların olumlu ya da olumsuz olarak iki aşırı uç bağlamında değerlendirildiği bir dünyada insanların yalnızca "iyi hissetme" peşinde olmaları anlaşılır bir tutum olarak değerlendirilebilir. Ne var ki, yaşam yalnızca "iyi" olanı değil, "tüm" duyguları hissedebilmekle ilgili bir yolculuktur. Gökkuşağını yakalayabilmek için yağmuru göze almak gerekir. Zeynep Selvili Çarmıklı yukarıda yazılanların farkındalığı içinde kendi deneyimlerinden yola çıkarak yaşadıklarının ona öğrettiklerini okuyucu ile açık bir dille, cömertçe paylaşmış bu kitapta... Öğrenip aktardıklarını ise kanıta dayalı bir terapi (Kabul ve Adanmışlık Terapileri) çerçevesi içine son derece güzel bir biçimde yerleştirmiş. Belli ki yaşantıları ona "bilen" değil "öğrenen ve öğrendiklerini paylaşan" bir ruh sağlığı profesyoneli olmanın erdemlerini sunmuş.

Ödül avcısı gibi yalnızca güzel olanı yakalama peşinde olan insanların olumsuz düşünce ve duygulardan kaçma çabasının anlamsızlığına, hatta imkânsızlığına vurgu yaptığı eserinde, bir yandan da olumsuz duygu ve düşünceleri yargılamadan kucaklayabilmenin farkındalığı ve öz-şefkati artıran yönüne dikkatleri çekmiş.

Yaşamın kaçınılmaz olabilen acılarında anlam bulabilmenin tek yolunun değerlere adanmış bir yaşam oluşturabilmek olduğunun farkındalığını meslek yaşamının başında yakalayabilmek büyük başarı. Şefkatin insan acılarını azaltmaktaki rolüne vurgu yapan ve öz-şefkatin esneklik ve dayanıklılığı artırma bağlamındaki önemini ortaya koyan bu anlamlı kitap için Zeynep Selvili Çarmıklı'yı yürekten kutlar, insan acılarını azaltmakta daha nitelikli bir hizmetin verilmesine katkı sağlayacağını umarım.

Mehmet Z. Sungur, Psikiyatrist Doktor
Marmara Üniversitesi Hastanesi Psikiyatri Anabilim Dalı
Öğretim Üyesi
Türkiye Kognitif ve Davranış Terapileri Derneği Başkanı
Uluslararası Kognitif Terapiler Birliği
(International Association for Cognitive Psychotherapy) Başkanı

Yaşam hepimiz için zaman zaman zorlayıcı, kaotik ve üstesinden gelinmez halde olabiliyor. *Pembe Fili Düşünme* kitabında Zeynep Selvili Çarmıklı, kendi hikâyesinden ve yaşamının zorlayıcı anlarından samimi aktarımlarla, bizlere yardım verme mesleğinde olan birinin de insana dair olan reddedilmez acı gerçeğini deneyimleyebileceğini anlatıyor. Kitabın içinde bilinçli farkındalık, öz-şefkat, kabul ve kararlılık gibi kavramsal olarak anlaşılması ve anlatılması çok da kolay olmayan baş etme yöntemleri bir roman bütünlüğü içinde akıcı ve bilime bağlı bir yolla aktarılmış.

Bu kitabı, okuyan herkesin kendinden ve yaşamdan bir parça bulacağı, adeta taşınabilir bir yardım aracı olarak okuyabilirsiniz.

Doç. Dr. Zümra Atalay
MEF Üniversitesi Öğretim Üyesi
Mindfulness Institute Türkiye'nin Kurucusu
Mindfulness: Şimdi ve Burada kitabının yazarı

TEŞEKKÜRLER

Kapakta tek bir isim yazdığına bakmayın, bu kitabın içinde bir dolu insanın emeği var. İzninizle huzurunuzda onlara teşekkür etmek istiyorum.

Damla Kellecioğlu'na, muhtelif dilbilgisi ve mantık ihlallerime rağmen bu kitabı bağrına bastığı, gecenin olmadık bir saati demeden telaşlarıma, bin bir tür felaket senaryolarıma anlayışla ve şakayla yaklaştığı ama hepsinden önce şen şakrak dostluğu için,

Ve annesi Lale Ülgen'e ilk okurum olduğu için,

Can Bonomo'ya, kitabımı Damla'ya layık gördüğü ve yollarımızı kesiştirdiği için,

Psikoloğuma, zihnimdeki her sese; gerek mükemmeliyetçi gerek tembel gerek cesur gerek korkak olan içimdeki her kadına sahip çıkmamı hatırlattığı tüm zamanlar için,

Alp Karaosmanoğlu'na, bana güvendiği, kapısını açtığı, sesimi duyurmam için arka çıktığı; teorik ve pratik yolculuğumda yaptığı mentorluk için,

Miray Şaşıoğlu'na, en sıradan sohbetlerimiz esnasında bile zihnimde yeni pencereler açıp ilham olduğu, ilham verdiği için,

Banu Çadırcı'ya, iki büklüm yazı yazmaktan ağrıyan bedenime ihtiyacı olanı vermenin yollarını öğrettiği ve ben bedenime neyin iyi geldiğini keşfederken, bana sıcacık varlığıyla eşlik ettiği için,

Can Bizsel, Murat Ardelan ve Songül Bizsel'e, yeryüzünü kurtarabilmek (mübalağa etmiyorum) uğruna çalışırken, onca iş yığınla onları beklerken kitabımın ön-okurları oldukları için ve bunu yeğenleri olmasam da yapacak kadar yardımsever oldukları için,

Christopher Germer'a, Dennis Tirch'e, Kelly Wilson'a, Mehmet Z. Sungur'a ve Zümra Atalay'a bilgilerini öğrencileriyle, öğrenmeye açık herkesle bonkörce paylaştıkları için ve kitabım hakkında yazdıkları, okuduğumda ağzımı kulaklarıma vardıran o harikulade cümleler için,

Julian McNally'e, son iki senedir beni yavaşlattığı, kör noktalarıma bir bir ışık tuttuğu, kitabımı "Kabul ve Kararlılık Terapisi"ne uygun bir çerçevede yazabilmem için bana içerik editörlüğü desteği verdiği için,

İnkılâp Kitabevi'ne, bana ömrümün en güzel hediyesini sunduğu için; sevgili Ahmet Bozkurt'a ise buna vesile olduğu, ilk günden beri bana destek verdiği ve beni cesaretlendirdiği için,

Hakan Güngör'e, virgül atlamayan özenli, titiz editörlüğü için,

Füsun Turcan'a, yalnızca kısa bir telefon konuşmasının hemen ardından, kitabın içeriğine ve ismine uygun, "Hiçbir revizyona gerek yok" dedirtecek bir kapak tasarladığı ve marifetin yetenek kadar iyi bir dinleyici olmakla da ilgili olduğunu bir kez daha hatırlattığı için,

Elif Okan Gezmiş'e ve Hande Oynar'a, duygularımı başka bir lisana aktarabilmeme yardımcı oldukları için,

Kelly Wilson, Kirk Strosahl ve Steven Hayes'e "Kabul ve Kararlılık Terapisi" için, Paul Gilbert'a "Şefkat Odaklı Terapi" için, Christopher Germer ve Kristin Neff'e ise "Öz-Şefkatli Farkındalık" için, bu dünyanın daha fazla şefkat barındırması ve insanların daha anlamlı hayatlar yaşaması adına verdikleri tüm emekler için,

Hayat arkadaşım Kerim'e, beni kitap yazmaya teşvik ettiği için elbette, lakin daha önemlisi zaman zaman kendimden esirgediğim inancı, desteği ve anlayışı benden hiçbir zaman esirgemediği için,

Babama, hep hakikati konuştuğu için, değil bir kitap, bundan sonra bir cümle yazmasam bile bana hayran hayran bakmaya devam edeceğini, pekâlâ benimle hep gurur duyacağını hissettirdiği için,

Ve ilkokuldan beri en sadık okurum anneme (büyük harflerle), bana okuma alışkanlığını aşıladığı, yazmamı, üretmemi, paylaşmamı öğütlediği için minnettarım.

Üzerimde emeği geçen, heyecanıma bunca zaman eşlik etmiş herkese gönülden teşekkür ederim.

ÖNSÖZ

Seksen sekiz yaşındaki babama kitap yazdığımı ve bu kitabın psikoloji kavramlarının yanı sıra kendi deneyimlerimle, hayatımla ilgili olduğunu söylediğimde bana, "Kızım, senin hayatın insanların neden ilgisini çeksin ki?" diye karşılık vermişti.

Canım babacığım sağ olsun, kendisi böyle her şeyi pat diye söyleyiverir. Babamın bu sorusu ilk başta biraz canımı acıtsa da demek istediğini anlıyordum: Sonuçta yaşım onunkinin yarısı kadar bile etmiyordu, onun kuşağından biri kadar hayat tecrübem yoktu. Ünlü biri değildim. Olağanüstü başarılara imza atmamıştım, çığır açıcı bir çalışmam da yoktu.

"Baba, inan benim de önceleri böyle bir kaygım vardı," dedim duygularımın demlenmesine müsaade ettikten sonra, "ama biliyor musun bence herkesin söyleyecek bir şeyleri var. Herkesin deneyimlerinin birbirine dokunan yanları var." Zira nispeten genç, tecrübesiz ya da görmüş geçirmiş, ununu eleyip eleğini asmış başka insanların hikâyelerinin beni etkilemişliği, bana yol göstermişliği ve umut vermişliği çoktur.

Ergenliğimin sonlarında, yirmili yaşlarımın başlarında, hayatın daha can yakan taraflarında dolandığım, panik bozukluk ve kronik ağrı ile boğuştuğum zorlu dönemlerde, bir şeylerle mücadele etmek zorunda kalmış insanlara dair elime ne geçerse okurdum. Genellikle panik ataklarından muzdarip kişilerin kitaplarını veya internet üzerinden blog yazılarını okuyordum ama insan olmaya, acı ve mücadelenin hayatın gerçeği olduğuna dair yazıları, otobiyografileri ve gerçek hayattan uyarlanmış romanları da elimin altından ayırmıyordum. Okumak içimi hafifletiyordu. Hikâyeler bana çektiğim acıların, verdiğim mücadelenin bana özgü bir şey olmadığını gösteriyordu.

Bir süre sonra okumakla yetinmek istemedim, kendim de yazmaya başladım.

Şu hayatta yazıya tutunmanın, yaşadıklarımı yazıya dökmenin yatıştırıcı tesirini zaten kendimi bildim bileli hissederdim. Başka insanların mücadelelerini, çektikleri duygusal acıları okumaya başladığımdan, başlarda çekine çekine olsa da denemelerimi internet üzerinden erişime açtığımdan beri, bilhassa da gelen geribildirimlerden, koca insanlık denizinin bir parçası olduğumu hissettim. Yalnız değildim, hepimiz aynı yoldaydık. Ziyaretleri farklı sebeplerden olsa da çaresizliği, üzüntüyü, sıkıntıyı, hayal kırıklığını hepimiz ağırlıyorduk.

Canı gönülden inanıyorum ki, hepimizin paylaşmaya değer bir hikâyesi var; hepimizin mücadeleleri var; hepimizin acıları ve neşeleri var. Ve hikâyemizi anlattıkça insanlığımızın farkına varıyoruz, diğerlerinden ne kadar farklı olduğumuzu ve aynı zamanda diğerlerine ne kadar benzer olduğumuzu fark ediyoruz, kendimize kulak verip kendi ses(ler)imizi duyuyoruz, içimizdeki orduyu tanıyoruz, neler öğrendiğimizi hatırlıyoruz, kendimize ve dünyaya dair yeni pencereler açıyoruz.

Bu kitabı yazarken aklımda hep şu soru vardı: Ben nasıl bir kitap okumak isterdim?

İlk yanıtım, bana yalnız olmadığımı hissettirecek, farklı yollardan geçse bile benim duygularıma da eşlik edecek bir kitaptı. Fakat her şeyden önemlisi gerçeklerden söz edecek, gerçek bir kitaptı okumak istediğim. Bu sebeple de bu kitap her ne kadar başta "Kabul ve Kararlılık Terapisi" (Acceptance and Commitment Therapy) olmak üzere, "Şefkat Odaklı Terapi" (Compassion Focused Therapy) ve "Öz-Şefkatli Farkındalık" (Mindful Self-Compassion) yaklaşımlarına dayansa da, benim hikâyelerimi içeriyor. Babacığım, kişisel olan şaşılacak kadar evrensel olabiliyor zahir.

Bu kitapta bir hiyerarşi olmamasına özen gösterdim. Ben bilirkişi, otorite değilim; sizler danışanlarım, öğrencilerim değilsiniz. Bu kitap bir kişisel gelişim kitabı değil, kişisel kabul kitabı.

Bu nedenle, kitabı geçmişinizi, öğrendiklerinizi, deneyimlerinizi göz ardı ederek ezbere nasihatler, akıllar vermek için değil, bir yol arkadaşı olmaya niyet ederek yazdım. Biricik olduğumuzu hatırlayalım ve onurlandıralım diye yazdım. En acı verici, en zor, en kurtulmak istediğimiz ama ne yaparsak yapalım kurtulamadığımız duygu ve düşüncelerimize açıklıkla, şefkatle yaklaşmanın yollarını keşfetmek için yazdım. Bu bazen saçma, çoğu zaman çılgın ve ne yazık ki adaletsiz dünyada hepimiz yolumuzu bulmaya, dahası mutlu olmaya, hayata tutunmaya çalışıyoruz. İşte ben bu kitabı, kimseyi değiştirmek için değil, bunca şeye rağmen hayatta kalıyor olmamızı kutlamak için yazdım. Bir zamanlar işimize yaradığı için, bizi güvende tuttuğu için hâlâ sürdürdüğümüz davranışlarımızı anlamak, yeni davranışlarda bulunmak istersek kendimize nasıl destek olabileceğimizi araştırmak için yazdım.

Kelimelerden güç alarak zamanı ve mekânı aşıp yazdıklarını okumaktan fayda görebilecek benim gibiler için, hikâyeleriyle köprüler kurmuş tüm yazarlara teşekkür mahiyetinde yazdığım bu kitapta, gelin, ortak insanlık yolunun bir kısmını da beraber yürüyelim.

Şimdi, köprü kurma sırası bende. Ben de zamanı ve mekânı aşıp hikâyelerimi (ve tanıdığım bazı insanların hikâyelerini) anlatacak ve aynı zamanda eğitimim boyunca öğrendiklerimi sizlerle paylaşacağım. Şimdi acı çekmenin ve mücadele etmenin de tıpkı neşe veya umut gibi insani bir şey olduğunu anlatma sırası bende.

Anlatılmış, anlatılacak tüm hikâyelerin şerefine!

BÖLÜM I

DENEYİMSEL KAÇINMA

İlk panik atağımı 28 Kasım 2006'da Miami'de, üniversite ikinci sınıftayken geçirdim. Bir saatlik yoldan gelmiştim. Arabamı apartmanın garajına park ettim. Kontağı kapatmak için anahtarı çevirdim ve bir anda kalbim çok hızlı atmaya başladı, ağzımdan çıkacaktı neredeyse. Vücudumun her yerinde kalp atışlarımı hissedebiliyordum. Nefesim kesilecek gibi oluyordu. Göğsümün üzerinde bir fil oturuyordu sanki, öyle bir ağırlık çökmüştü üzerime. Çok geçmeden sol kolum birkaç saniye içerisinde parmak uçlarıma kadar uyuştu. Artık emindim, kalp krizi geçiriyordum. Can havliyle yan koltukta duran çantama uzandım telefonumu almak için. Birini aramam lazımdı. Gelip, beni buradan alıp hemen acile götürecek birini. Bir anda beynim durdu sanki. Bilincim bedenimi terk etmiş gibiydi. Sanki o arabanın içinde oturan ben değildim de bir başkasıydı. Kendimden uzaklaşmıştım... Aklıma kimsenin adı gelmiyordu. Telefon rehberime girmeye çalıştım, parmaklarım öyle çok titriyordu ki, telefonu doğru düzgün tutamıyordum. Son arananlara girdiğimde komşum Melis'in adını gördüm. Hemen aradım ve telefonu kulağıma götürdüm. "Zeynooooo?" diyerek açtı telefonu Melis, her zamanki coşkulu sesiyle.

"Alo Melis... Melis, ben çok kötüyüm. Galiba kalp krizi geçiriyorum."

"Şaka mı yapıyorsun? Nasıl yani? Neredesin?"

"Garajdayım. Melis, çok kötüyüm. N'olur hemen gel beni al. Çok kötüyüm."

Dilim dolanıyordu. Kelimeleri doğru düzgün telaffuz bile edemiyordum. Ağzım kupkuruydu. Telefonu kapattım. Tekrar tekrar, "Allahım, ölmek istemiyorum," diye dua ettiğimi hatırlıyorum. Hayatımda kendimi hiç bu kadar çaresiz hissetmemiş ve korkmamıştım.

Çok geçmeden garajın kapısı açıldı, Melis pijamaları ve terlikleriyle koşa koşa yanıma geldi. Arabanın camını indirdim.

"Zeynep, ne oluyor? İyi misin?"

"Melis, n'olur hemen acile... Hiç iyi değilim. Ölüyorum."

Melis beni arabadan çıkardı, arka koltuğa yatırdı, direksiyona geçti. Hastane, oturduğum apartmanın bir arka sokağındaydı, Melis de epey hızlı kullanıyordu arabayı fakat buna rağmen zaman geçmek bilmiyordu.

"Geldik mi Melis?"

"Geldik Zeynocuğum, beş dakika."

Hayatımın en uzun beş dakikasıydı.

Amerika'da, yolu düşmüş olanlar bilir, hastanelerin acil servislerinde görevlilerin belirlediği önem sırasına göre içeriye alınırsınız. Bekleme süresi bazen birkaç saat bile sürebilir. Gerçekten kalp krizi geçirip ölüyor olduğuma inandığımdan olsa gerek, beni hemen içeriye almışlardı. Testler saatler sürdü. Kan testleri, kalp testi, MR... Kıyamam, zavallı Melis arada refakatçi sandalyesinde uyuyakalıyor, kafası her önüne düştüğünde sıçrayarak uyanıyor ve "Neymiş?" diye sorup cevabımı dinlerken tekrar uyuyakalıyordu.

En sonunda saatlerdir benimle ilgilenen doktorların dışında biri geldi.

"Merhaba, ben nöbetçi psikiyatrist doktor..."

Bi' saniye bi' saniye! Psikiyatrist mi?

Psikiyatristlik ne durumum olabilir diye düşünürken ben, doktor elime bir anket tutuşturdu. Ankette benim yaşadığım neredeyse her şey yazıyordu: kalp çarpıntısı, terleme, ağız kuruluğu, nefes almada güçlük, benliğin yabancılaşması, göğüste ağrı, karıncalanma, baş dönmesi, öleceğini ve/veya aklını kaybedeceğini düşünme... Sıra stres düzeyimle, son zamanlarda herhangi bir travmatik olay yaşayıp yaşamadığım ile ilgili sorulara geldiğinde olduğum yerde küçülmeye başladım. Artık odada neden bir kardiyoloğun değil de bir psikiyatristin bana eşlik ediyor olduğunu anlamıştım... Psikolojiye Giriş dersimizde panik atakların kalp damar problemleriyle sıkça karıştırıldıklarını öğrenmiştim ne de olsa...

Yedi saatlik hastane serüvenim, nöbetçi psikiyatristin bana kalbimle, beynimle veya hiçbir organımla ilgili bir sorunun olmadığını, geçirdiğimin bir kalp krizi değil bir panik atağı olduğunu söylemesiyle sona erdi.

Kalp kriziydi geçirdiğim! Değildiyse bile adım gibi eminim ki kalbimle ilgili bir sıkıntı var! Bunu benden daha iyi kim bilebilir ki, daha küçükken babam gözümün önünde kalp krizi geçirmişti. Günler öncesinden başlayan "Kolum uyuşuyor" yakınışlarını hâlâ duyabiliyorum.

"Emin misiniz bunun bir kalp krizi olmadığına?" diye sordum.

"Testlerinizde kalp krizinden şüpheleneceğimiz bir bulguya rastlamadık. Çıkış kâğıtlarını imzalayabilirsiniz. İyi durumdasınız. Eve gidebilirsiniz."

"Panik atağı" teşhisini reddederek, kendimi de hayli aşağılanmış hissederek hastaneden ayrıldım.

"Sen de bi' hoşsun, Zeyno," dedi Melis arabaya doğru yürürken, "ne yani, kalp krizi geçirmiş olmayı mı tercih ederdin?"

Kalp krizi geçirmiş olmayı tercih etmezdim elbette, fakat panik atağı geçirmiş olmak daha berbattı. Ya da şöyle söyleyeyim, daha utanç verici.

Bilhassa da bir psikoloji öğrencisi olarak...

Panik Ataklarından Panik Bozukluğa Uzanan Hikâye

Panik bozukluk ile mücadele hikâyem hastaneden taburcu olmamla birlikte başladı.

Ne yaparsam yapayım, "Acaba kalp krizi mi geçiriyorum?", "Ya bir daha panik atağı geçirirsem?", "Ya rezil olursam?" temalı düşüncelerden kurtulamıyordum. Korku hissedeceğim diye ödüm kopuyordu. Panik oluyordum, panik atağı geçireceğim diye. Doğal olarak da çareyi, panik atağı geçirme ihtimalimin yüksek olduğu yerlere gitmemekte bulmuştum. Bende "olumsuz" duygular ve düşünceler tetikleme ihtimali olan yerlerden, aktivitelerden uzak durmak beni biraz da olsa rahatlatıyordu. Hikâyem arabada başladığı için, önce araba kullanmayı bıraktım. Okula komşum Melis ile gitmeye başladım. Onun dersleri benimkilerden erken başladığı günlerde bile onunla gidiyordum. *Ne olacak, en kötü kitap okurum biraz kütüphanede.* Melis'in derslerinin olmadığı günlerde başkalarından beni okula bırakmalarını rica ediyordum, en olmadı taksi çağırıyordum. Tabii kısıtlamalar yalnızca araba kullanmamam ile son bulmadı. Bir süre sonra garajdan da mümkün olduğunca uzak durmaya başladım. Panik atağımı geçirdiğim garaj da bir tetikleyiciydi en nihayetinde. Yalnız şöyle bir sıkıntı vardı ki, çöpümü boşalttığım konteyner garajdaydı. Oraya ineceğim düşüncesi dahi nabzımın yükselmesine, kaslarımın gerilmesine, midemin bulanıp başımın dönmesine yetiyordu. Çöp kutum ağzına kadar dolmadan garaja inmemeye başladım.

Lakin garajdan uzak durmak da yetmedi... Garajdan *kaçınırken* ağzına kadar dolan çöp kutusunun görüntüsü kaygılanmama sebep olmaya başladı çünkü bana *kaçınmaya çalıştığım* garajı *hatırlatıyordu*. Artık yalnızca çöpü *boşaltmak* değil, *boşaltmamak* da bir tetikleyiciydi.

Zamanla, panik atağı geçirmemek için attığım her adım birer tetikleyiciye dönüşmeye, çağrışım ağı gitgide büyümeye başlamıştı. Panik atağı ile ilgili herhangi bir şey düşünmek pek tabii bir tetikleyici olabilirdi. Kendimi düşünmemeye zorlamak da aynı şiddette bir tetikleyiciydi, zira bir süre sonra başarılı olup olmadığımı kontrol etmeye başlıyordum; bu da beni tekrardan en başa, panik atağı ile ilgili düşünmeye döndürüyordu.

Şimdi nasılım, iyi miyim?

...

Peki ya şimdi?

Kalbim nasıl?

Bir kaygı belirtisi, herhangi bir karıncalanma hissi veya uyuşma var mı?

Bir kez daha o korkunç kalp çarpıntısını, karıncalanma hissi ve ölüm korkusunu yaşamamak adına yapmamam, hatta düşünmemem gerekenler listesi gün geçtikçe daha kapsamlı bir hale gelmeye başlamıştı. Bir zamanlar sevdiğim neredeyse hiçbir aktiviteyi yapamaz olmuştum.

Sinema, tiyatro, alışveriş merkezleri gibi kapalı ve çıkışın zor olacağı alanlardan mümkün mertebe uzak durmaya başlamıştım. Keza uçaklar da hayli korkutucu bir hal aldıklarından seyahat etme zevkimden de feragat etmiştim. Yeter ki nabzım hızlanmasın diye spor yapmayı bırakmıştım. Derslere gitmeyi de. Profesörlerin anlattıkları her şey kitaplarda vardı nasılsa...

Her şeyi internet ve telefon üzerinden halletmeye çalışıyor, çok mecbur kalmadıkça evden çıkmıyordum. Herhangi bir nedenden dolayı evden çıkmak, bin bir engel aşmayı, bin bir tehditle savaşmayı gerektiren Cüneyt Arkın maceralarına dönüşmüştü.

Fakat bir süre sonra hiç tahmin etmediğim zamanlarda ve yerlerde, çok sıradan şeyleri yaparken bile panik atakları geçirmeye başlamıştım. Benim için yavaş yavaş her yer ve her şey bir tehlike arz etmeye başlamıştı. Kendimi en güvende hissettiğim yer olan evimde bile uykumdan panikle uyandığım oluyordu.

Birkaç ay içerisinde, arada sırada panik atakları geçiren bir insandan, panik bozukluğu olan, daha da kötüsü hareket alanı dapdar bir insana dönüşmüştüm. Yaptığım şeyler, gittiğim yerler, konuştuğum mevzular o kadar kısıtlıydı ki, hayatımı artık ben değil, panik atağım idare ediyordu.

Arabada geçirdiğim ilk panik atağından sonra, bir daha panik atağı geçirmemek, o bana çok acı veren panik, kaygı, korku gibi duyguları yaşamamak, “Kalp krizi geçiriyorum”,

"Aklımı yitireceğim", "Ölüyorum", "Ya rezil olursam" gibi düşüncelerin aklıma gelmemesi için araba kullanmama, kapalı alanlara girmeme, evden mümkün mertebe çıkmama gibi majör kısıtlamaların yanı sıra daha başka birçok stratejiye başvurdum. Olumlamalar yaparak pozitif düşünmeye çalıştım, internet üzerinden nefes kursları araştırdım, hayli dua ettim, yetmedi anneme dua ettirdim, benden daha zor koşullarda yaşayan insanları düşünüp kendime "Bu da dert mi!" dedim, bunun dert olmadığına kendimi ikna etmek için mücadele verdim. Bol bol uyudum. *Bilmem, belki de uyku kurtuluş oluyordu acılardan...*[1] Uyumaktan ve uyanamamaktan korktuğum gecelerde reçetesiz satılan uyku ilaçlarından medet umdum... İtiraf ediyorum, "secret" bile yaptım! Araştırmacı kimliğimi giyip üstüme, panik atakları ile ilgili makaleler, kitaplar okudum. Panik bozukluğu olan insanların birbirleriyle deneyimlerini paylaşıp, birbirlerine destek olduğu bir internet forumuna üye oldum. Oradan sürekli diğer insanlara sorular sorarak kendimi teskin etmeye çalıştım. O forumda biri, bir psikiyatri uzmanının panik atakları durdurabilecek bir ilaçtan bahsettiğini yazdı. Okulun danışmanlık merkezinin önerisiyle bir psikiyatri uzmanına gittim, bana "sakinleştirici" bir ilaç yazdı. Bu ilaç kaygı hissinin fiziksel belirtilerini engellese de, zihnimde dönen endişe senaryolarının önüne geçemiyordu.

1 Muzeffer İzgü, *Zıkkımın Kökü*, İstanbul, Bilgi Yayınevi.

Dahası, ilaç beni iki haftada adeta bir zombiye çevirmişti; günlerimin neredeyse tamamı yatakta geçiriyordum.

Bir şeyi eksik yapıyor olmalıydım zira en "etkili" stratejilerim bile yalnızca bir süreliğine işe yarıyordu. Yalnızca bir süreliğine rahatlatıyor, kafamı dağıtmama yardımcı oluyordu. Kalıcı bir çözüm bulmamıştım. Her başarısızlığa uğrayan stratejinin ardından kızgın, cesareti kırılmış, ümidi eksilmiş hissettiğim, "kaderime" teslim olup haykıra haykıra ağladığım günler de oldu ama yılmadım. Çünkü emindim: Bir şeyi gözümden kaçırıyordum zahir! O şeyi bulsam bu sorunu çözebilecek, panik ataklarımı engelleyebilecek, huzura erebilecektim.

Bu sorunu çözersem derin bir oh çekecek, kaldığım yerden hayatıma devam edebilecektim.

Deneyimsel Kaçınma'ya örnek bir tür oyun oynamaya başladığımın farkında değildim o zamanlar.

Deneyimsel Kaçınma, duygu ve düşüncelerimiz gibi öznel olan, bir başkasının gözlemleyemeyeceği, biz söylemeden bilemeyeceği **içsel deneyimlerimizden kaçınmak, onları kontrol etmeye çalışmak** demektir.

Deneyimsel Kaçınma stratejileri elbette yalnızca panik bozukluğa mahsus değildir. Örneğin, sosyal ortamlarda hissettiği kaygıdan rahatsızlık duyan biri, sosyal ortamlara girmekten kaçabilir veya girdiği ortamlarda yargılanmasın ve küçük düşme ihtimali olmasın diye sessiz kalıp, konuşmalara katılmamayı seçebilir.

Obsesif-kompulsif bozukluğu olan birinin savaştığı içsel deneyimlerse istenmeyen düşünceler ve ardından yaptığı ritüellerdir. Örneğin, evden çıktıktan sonra, "Kapıyı kilitledim mi acaba?" "Ütünün fişini çektim mi?" gibi düşüncelerin aklına düşmesine "tahammül edemeyen" biri, o düşüncelerden kaçınmak için evden hiç çıkmamaya başlayabilir veya eve dönüp kontrol etmediği takdirde doğabilecek problemlerden ve emin olamamanın yarattığı huzursuzluktan kaçınmak için, eve geri dönüp kapının kilidini, fişi taktığı prizi kontrol edebilir.

Depresyonda olan biri ise, yaşadığı üzüntü ve acıdan kaçabilmek için uyumayı seçebilir; acı duygular hissetmesin, geçmiş veya gelecek ile ilgili düşünceler aklına gelmesin diye kendini alkole verebilir. Depresyon ile çok sık rastlanan bir diğer kaçınma ve kontrol stratejisi ise kişinin depresyonunun, mutsuzluğunun nedenini bulmak için tekrar tekrar aynı şeyleri düşünmesidir.

"Bende ne sorun var?"

"Neden bu kadar acı çekiyorum?"

"Niye sürekli olumsuz düşünüyorum?"

"Neden her şeyi kafama bu kadar takıyorum?"

Bu davranışın psikolojideki adı "ruminasyon"dur. Ruminasyon, bir nevi zihinsel geviş getirmektir. Nasıl ki bazı otçul hayvanlar, besinleri tekrar tekrar çiğnerler, biz insanlar da mutsuzluğumuzun, acı çekmemizin, endişelenmemizin nedenleri, olası anlamları ve sonuçları üzerine tekrar tekrar düşünür, durumu enine boyuna analiz ederiz. Ruminasyonun altında yatan, "Eğer nedenini anlayabilirsem, çözebilirim. Çözebilirsem de bu duygulardan, bu düşüncelerden kurtulabilirim" inancıdır. Ruminasyon, dışarıdan masum görünebilen bir stratejidir; bizlere bir çözüm üretme yolunda olduğumuz yanılgısını verir. Fakat ruminasyon ancak ve ancak daha fazla üzüntüye, strese ve acıya sebep olur. Zira bir şey hakkında düşünmek onu bize daha sık hatırlatır.

Bütün bu senaryoların ortak bir noktası vardır: Hissettiğimiz ve düşündüğümüz şeyi beğenmeyiz; o şekilde hissetmek, o şekilde düşünmek istemeyiz. Beğenmediğimiz ve istemediğimiz duygu ve düşüncelerimizden kurtulmak için de pek çok stratejiye başvururuz.

Ben de tam anlamıyla bunu yapıyordum. Bana acı, rahatsızlık veren duygu ve düşüncelerden her ne pahasına olursa olsun kaçınıyor, kaçıyor; onları yok etmeye, en olmadı kontrol etmeye çalışıyordum. Lakin bu çetrefilli kaçınma oyununun sonu hüsrandı, henüz farkında değildim.

Yaklaşık 2500 sene önce simyacılar[2] yüzlerce yıl metal gibi bir sürü maddeyi altına dönüştürmeye çalıştılar. Fakat ne yaptılarsa olmadı. Yeterince çalışmadıklarından, yeterince akıllı olmadıklarından, yeterince çabalamadıklarından, yeterince

2 D. Chantry, *Talking ACT: notes and conversations on acceptance and commitment therapy*, Reno, Nev. Oakland, Context Press Distributed by New Harbinger Pub. s. 254.

"istemediklerinden" değil üstelik... Başaramadılar çünkü metali altına dönüştürmek *mümkün değildi.*

Hangi stratejiye başvurursam başvurayım hissetmek istemediğim duygularımı, düşünmek istemediğim düşüncelerimi yok edemedim, dönüştüremedim. Üstelik sorun bende değil, çözüm gördüğümdeydi. Hayatımı geri kazanmak için, bana rahatsızlık veren, acı veren olumsuz duygu ve düşüncelerden kurtulmaya çalışmak çözüm değil, sorunun ta kendisiydi.

Peki ya bir sürü kişisel gelişimci, yaşam koçu, hatta kimi psikolog bize "olumlamalar" öğretirken, hayata daha pozitif bir pencereden bakma, düşüncelerimizi dönüştürme, "hatalı" düşüncelerimizi daha rasyonel bir şekle sokma becerilerimizi geliştirme üzerine odaklanırken; alt metin olarak acıdan kurtulabileceğimizi vaat ederken simyacıların düştüğü hataya düşüyorlarsa? Acıdan kaçmak, kurtulmak, acıyı kontrol etmek, dönüştürmek için yaptığım muhtelif şeyler, kullandığım tüm stratejiler ben yeterince iyi yapmıyorum, yeterince çabalamıyorum, yeterince istemiyorum, benim aklım yeterince ermiyor diye değil; var olan bir duyguyu hissetmemeye, var olan bir düşünceyi düşünmemeye çalışmak mümkün olmadığı için uzun vadede hiçbir işe yaramıyordu.

Deneyimsel Kaçınma, yazılımı hatalı bir sistem.

Çünkü insan bastırdıklarının esiri olur.[3]

3 "Çünkü insan bastırdığı duygunun esiri olur." – Cahit Zarifoğlu

Şimdi, eğer uygunsa sizi ufak bir deney yapmaya davet ediyorum.

Sizden üç dakika boyunca pembe bir fil düşünmemenizi istiyorum.

Hazır olduğunuzda başlayabilirsiniz.

Tek bir talimat var: Pembe fili düşünmeyin.

Yapmanız gereken tek şey pembe fili düşünmemek.

...

Nasıl geçti?

Aklınıza, gelmemesi gereken bir şey geldi mi? Pembe bir fil gibi mesela...

Gözünüzün önünde zaman zaman pembe filler belirdi mi?

Eğer öyleyse aramıza hoş geldiniz.

Fıtratımız gereği bu deneyde başarısız olmamız gerekiyor.

Bunu ben değil, ünlü Rus edebiyatçı Dostoyevski söylüyor! Bastırdığımız duygu ve düşüncelerimizin nasıl da esiri olabileceğimizi, aslında duygu ve düşüncelerimiz üzerinde sandığımız kadar da kontrolümüz olmadığını, işin içine bilim girmeden önce, 1863 yılında, "Kendinizi bir kutup ayısı düşünmemeye zorladığınızda, o lanet şeyin her dakika aklınıza geldiğini göreceksiniz," diyerek örnekliyor.

Oysa bize duygularımızı bastırmayı öğrettiler!

Evin tozunu süpürebiliyorsak, iç dünyamızdaki istenmeyen düşünce ve hisleri de süpürebiliriz!

Küçük yaştan itibaren bizi buna göre yetiştirdiler.

Korktuğumuz zaman, "Korkma evladım," dediler.

Aklımıza "kötü kötü" şeyler geldi mi, "Düşünmemeye çalış," dediler.

Küçük yaştan itibaren bize, duygu ve düşüncelerin kontrolümüzde olduğu, hissedip düşündüklerimizden hoşlanmıyorsak onlardan kurtulmamızın veya uzak durabilmemizin mümkün olduğu mesajını verdiler.

Halbuki bir şeyi düşünmemeye yönelik komut ne kadar güçlü olursa olsun; içten içe inandığımızın, söylenilenlerin, öğrendiklerimizin aksine, var olan bir duyguyu, bir düşünceyi kontrol edebilecek güce sahip değiliz. Düşünmememiz gereken düşünce, yerine geçici olarak bir başka düşünce yerleştirsek dahi, büyük olasılıkla defalarca, kontrolümüz dışında bizi ziyarete gelecek, zihnimizde yanıp sönecektir.

Sosyal psikolog Daniel Wegner, Dostoyevski'nin izinden giderek 1980'li yılların sonuna doğru "düşünce bastırma" üzerine araştırmalar yapmaya başlar.

Araştırmaları arasında "Beyaz Ayı" olarak bilinen deneyinde katılımcılarını iki gruba ayırır ve gruplardan bir tanesine beş dakika doyunca beyaz bir ayı düşünmemelerini, düşündükleri takdirde önlerinde duran masanın üzerindeki zile basmalarını söyler.

Sonuç: En aşağı, dakikada bir zil çalar.

İşin başka ilginç yanıysa, beş dakikanın sonunda, bu sefer de beyaz bir ayı *düşünmeleri* söylendiğinde, birinci grup en başından beri beyaz bir ayı düşünmeleri söylenen ikinci gruptan çok daha sık bir şekilde beyaz ayıyı düşünmeye başlar. Bir başka deyişle, düşüncelerini bastırmaya çalışan birinci grup, bu zorlu bastırma süreci bittiğinde bir çeşit sekme etkisi yaşar. Tüm o bastırma mücadelesi beyaz ayının zihinlere hücum etmesiyle son bulur.

Peki nasıl oluyor da zihnimiz "beyaz bir ayıyı düşünme" talimatına sanki tam tersi emredilmiş gibi bir tepki veriyor?

Nasıl oluyor da "düşünmemek" kadar basit bir direktif, birçok baş döndürücü buluşa imza atan insan zihnini bu denli zorluyor?

Misal kendime pembe fili düşünmemem gerektiğini söylediğimde zihnimde şu şekilde bir süreç gerçekleşiyor:

Pembe bir fil düşünmemem gerekiyor. Tamam, o zaman kocaman, gri bir balina düşünürüm. *Pembe fili düşünme*. Balinalardı değil mi su püskürten? O kadar zaman nefeslerini mi tutuyorlar, ne yapıyorlar? *Pembe fili düşünme*. Geçenlerde aldığım kitabı da düşünebilirim. *Pembe fili düşünme*. Çok heyecanlıyım başlamak için. *Pembe fili düşünme*. *Pembe fili* düşünmemem lazım. Acaba kaç defa düşündüm? *Pembe fili düşünme*. Böyle de düşünmemem lazım galiba. *Pembe fili düşünme*. *Pembe fili düşünme.* Mini mini bir kuş donmuştu, pencereme konmuştu. *Pembe fili düşünme.* Of kaç dakika oldu acaba? *Pembe fili düşünme.* Dakika tutmayı unuttum galiba. *Pembe fili düşünme. Pembe fili düşünme.* Acaba telefonum nerede? Kılıfı da pembe! La la la la. *Pembe fili düşünme. Pembe fili düşünme.*

Wegner araştırmaları sonucunda, zihnin bir şeyi düşünmeme komutu aldığında iki şeyi aynı anda yapmaya çalıştığı için bocaladığını görüyor. Zihnimiz herhangi bir şeyi düşünmeme komutu aldığında bir yandan düşünmemememiz söylenen şeyin akla gelmesini, konudan alakasız şeyleri düşünerek engellemeye, diğer yandan düşünmemememiz gereken şeyi düşünüp düşünmediğimizi kontrol etmeye çalışıyor. Birinci işlem işe yarasa bile, düşünmemememiz gereken şeyi düşünmediğimizden emin olma süreci olan ikinci işlem, o şeyin gündemimizde kalmasına neden oluyor.

Bize rahatsızlık veren, acı veren içsel deneyimlerimizi bastırmak, onlardan kaçmak, kaçınmak işe yaramaz. İşe yaramadığı yetmiyormuş gibi bir de değerlerimize odaklanan yolumuzu şaşırtır. Acıdan kaçayım derken hayatı kaçırmaya başlarız. Deneyimsel Kaçınma işlevsel değil... Ama bir o kadar da insani.

Neden? Çünkü insan zihni adeta çözüm üretmek için yaratılmış bir makine. Biz insanlar da zaten çözüm üretme, problem çözme konusunda bu denli başarılı olan zihnimiz sayesinde hayatta kaldık. Önceleri aletler, silahlar, giysiler yaptık ve barınaklarımızı güçlendirdik. Yeni yaşam şekilleri icat edecek, hastalıkları tedavi edecek, ulaşımı geliştirecek kadar ileriye gittik. Dış dünyamızdaki yırtıcı hayvanları barınaklarımızdan uzak tutmanın ve zorlu hava koşullarından korunmanın yollarını bulduk.

Dış dünyadaki kuralı şu şekilde özetleyebiliriz:

"Bir şeyi istemiyorsan onu çözmenin bir yolunu bul. Bulamıyorsan da ondan kurtul."

Problem çözmek için yaratılmış zihnimiz, dış dünyada yolunda gitmeyen birçok şeyi nasıl düzeltebileceğini, çözümleyebileceğini bulabilir. Dış dünyadaki problemlerden **kaçarak kurtulabilir**.

Problem çözme konusunda oldukça başarılı olduğumuzdan, iç dünyamızdaki "problemleri," bir başka deyişle istemediğimiz, varlığından rahatsızlık duyduğumuz duygu ve düşünceleri de dış dünyamızdaki problemler için kullandığımız yöntemlerle çözmeye çalışıyoruz. Fakat, *"Bir şeyi istemiyorsan onu çözmenin bir yolunu bul. Bulamıyorsan da ondan kurtul,"* kuralı, duygu ve düşüncelerimizden oluşan iç dünyamızda işe yaramaz.

Mevzu duygu ve düşüncelere geldi mi, zihin çokça işine yaramış o bilindik kuralı tekrarlar:

"Bir şeyi istemiyorsan onu çözmenin bir yolunu bul. Bulamıyorsan da ondan kurtul."

Fakat dışarıdaki hesap içeriye uymaz.

İç dünyamızın kuralı farklıdır: "Kaçan kovalanır."

"Bana Her Şey Seni Hatırlatıyor"[4]

Herhangi bir canlı travmatik bir tecrübe yaşadığında buna sebep olan kişi, mekân veya eşyalardan uzak durmaya başlar. Bu oldukça mantıklı bir davranıştır. Mantıklı olduğu kadar hayatidir de. İşlek bir caddede bir arabanın çarptığı köpekte –elbette hayatta kaldığı takdirde– bir süre boyunca arabaların gürültüsü, hatta görüntüsü bile korku duygusunun tetiklenmesine yol açacaktır. Bu sebeple de köpek, acıyı önleyebilmek için, en azından bir süre boyunca arabalardan, kalabalık caddelerden kaçınacak, kendini sakınacaktır. Aynı şekilde, gece yarısı sokakta yürürken saldırıya uğrayan bir insan, bir süre karanlık ve tenha olan sokaklara girmeye çekinir. Bu çekince, özellikle şehrin çok da tekin olmayan belli kısımları için mantıklı bir karardır.

Fakat biz insanlar için acıdan kaçmak, diğer canlılara nazaran çok daha inatçı bir hal alabilir. Diğer hayvanların aksine bizler yaşadığımız tecrübeleri genelleştirebiliriz; çünkü biz insanlar sembolik ilişkilendirmeler yapabiliriz. Biz insanlar ilişkisel

---

4 Aşkın Tuna'nın sözlerini yazdığı şarkının adı.

olarak öğrenir, ilişkisel olarak düşünürüz. Kötü iyiyi, çirkin güzeli, sıcak soğuğu hatırlatır. Üstelik bir şey yalnızca zıddını değil, aynı zamanda da benzerini, daha iyisini, daha kötüsünü, bir parçasını, nedenini de çağrıştırabilir. Örneğin sıcak deyince yaz ayları, bildiğimiz başka bir dildeki sıcak kelimesi, yaşadığımız yerden daha sıcak bir şehirde geçirdiğimiz hafta sonu, kışın yapacağımız işler, küresel ısınma, en sevdiğimiz atkımız, kutup ayıları, hatta bir bardak soğuk su rastgele düşebilir zihnimize. Çünkü türü ne olursa olsun, zihnimizde o sözcükle birlikte beliren her şey zihnimizce birbiriyle ilişkili. Kısacası, biz insanlar bir şeyi diğer başka bir şey ile –iki şey birbiriyle çok alakasız görünse de– bağdaştırıp ilişkilendirebiliriz.

Bana değil, deneyiminize inanın.

Buyurun size üç kelime:

Ağaç

Kedi

Saç kurutma makinesi

Bu üç kelime arasında bir ilişki kurabilir misiniz?

...

Belki tam istediğiniz şekilde anlam ifade etmeyecek ama bir ilişki –rastgele de olsa– kurabiliyorsunuz değil mi bu üç kelime arasında? Örneğin benim zihnime şöyle bir çağrışım düşüyor:

Saç kurutma makinesinin sesinden korkan **kedi**, evin camından atlayıp **ağacın** tepesine tırmanır.

Bunu dilediğiniz, rastgele seçtiğiniz kelimelerle de deneyebilirsiniz. Bahse girerim ki zihniniz, birbiriyle somut anlamda ilişkili olmayan nesnelerin arasında bile ilişki kurabilecektir.

Sembolik ilişkilendirme becerimiz, fiziksel olarak aslanlardan, kaplanlardan, gorillerden, çitalardan, diğer tüm güçlü ve hızlı canlılardan hayli küçük, çelimsiz ve yavaş olmamıza rağmen yaşadığımız dünyanın kralı olmamızın sebebi. Sembolik ilişkilendirme becerisi yalnızca biz insanlara mahsus. Ve bu becerimiz türümüzün dil geliştirmesine olanak vermiş. Dili olan tek canlı biz modern insanlar değiliz. Bizden başka canlılar da birbirleriyle iletişim kuruyor. Özellikle bazı maymun türleri ve yunuslar başta olmak üzere pek çok hayvan da kendi aralarında anlaşabilmek için çeşitli diller geliştirmiş. Ayrıca antropologlara göre, dünya üzerinde yakın zamanda yaşamış biz modern insanların dışındaki diğer iki insan türü olan Neandertal ve Denisovanların da zamanında bir çeşit dil kullanmış olmaları olası. Onlar da, biz modern insanlar gibi, aletler yapmış, hayvanlar avlamış, aileler kurmuş. Bazıları ateş kullanmış ve hatta ölülerini gömmüş.

Ancak modern insanların hem hayvanlardan hem de atalarından temel farkı dili kullanırken soyut kavramlar üretip onlardan da söz edebilmeleri.

Neandertal ve Denisovan atalarımız mağaralara işaretler kazımamış, figürler oymamış. Görünen o ki diğer insan türleri modern insanın hayal gücüne sahip değilmiş. Modern insanlar hayatta kalmış, diğer iki insan türü ise yalnızca DNA zincirimizde var olmaya devam ediyor. Yok olmalarının nedeni ise uzmanlar arasında hâlâ hararetli bir tartışma konusu. Fakat bazı antropologlar, modern insanın hayatta kalmasını hayal kurabilmesine, diğer bir deyişle, şimdi ve burada olmayan bir şeyi zihnimizde şimdi ve buraya getirebilme becerisine bağlıyor.

Hayal kurabilmemizi sağlayan **sembolik ilişkilendirme**, yani soyut düşünebilme becerimiz sayesinde bir şeyi zihnimizde canlandırabiliyor, var olmayan şeyleri ya da daha önce hiç tatmadığımız duyguları, yaşamadığımız olayları hayal edebiliyor, bir şeyleri değerlendirebiliyor, planlayabiliyor, geçmiş yaşantıları yorumlayabiliyor, geleceği daha gelmeden zihnimizde tasarlayabiliyor, olasılıkların önceden muhakemesini yapabiliyor ve bir kültür oluşturarak bu kültürü sonraki nesillere aktarabiliyoruz.

Sembolik ilişkilendirme becerimiz en güçlü yönlerimizden biri ama aynı zamanda en tehlikeli tuzağımız. Hem en güçlü yeteneğimiz hem de en büyük derdimiz.

Arabanın çarptığı köpek, arabalardan ve caddelerden kaçınırken, saldırıya uğrayan bir insanın tehlikeden uzak durması, karanlık ve tenha caddelerden kaçınmaktan çok daha öteye gitme potansiyeline sahiptir. Mesela kişi, evden dışarı çıkmayı tümden reddedebilir. Çünkü yabancı insanlarla aynı havayı solumak, havanın kararışını fark etmek bile o gecenin hatırlanmasına neden olabilen, terleme, kalp atışlarının ve nefes alıp verişin hızlanması, baş dönmesi gibi belirtileri beraberinde getirebilen "savaş ya da kaç" mekanizmasını harekete geçirmeye yetecektir. Fakat sembolik ilişki kurma becerimizden ötürü kişinin kendini ev hapsine alması bile onu, yaşadığı saldırının acı ve rahatsızlık veren anılarından koruyamaz. Evindeyken okuduğu kitaptaki bir hikâye, izlediği dizideki bir sahne ya da gözünün takıldığı herhangi bir nesne bile boğazının düğümlenmesine, kendini tehlike altında hissetmesine ve sonrasında da evin kapılarının kilitlerini kontrol etmesine neden olabilir. Ardından kapısını kontrol etme davranışı, kapının diğer tarafında, dış dünyada onu bekleyen olası tehlikelerin bir hatırlatıcısına dönüşebilir.

Özetle, zihnimizin bir şeyi başka bir şeyle ilişkilendirebilme becerisi yüzünden acı çekeriz, çünkü zihnimiz bize acı veren duygu ve düşünceleri tetikleyecek sayısız çağrışım üretebilir.

Zihnimiz işlediği müddetçe ilişki kurma becerimiz var olacaktır.

Zihnimiz işlediği müddetçe biz insanlar için acı kaçınılmazdır.

Zihnimiz işlediği müddetçe acıyı her yere taşıyabilir, yaşanan acı bir olayla bağlantılı duygu, düşünce ve fiziksel hatırlatıcılardan kaçmaya çalışırken, onların esiri olabiliriz.

yaramaz çünkü bu yaklaşımın çoğu zaman asıl amacı acıyı hissetmemektir. Zihnimizin bir tarafı sürekli "Olanlara iyi tarafından baktım. Bakayım şimdi acım ne durumda? Geçmiş mi?" diyerek acıyı yoklar. Yoklanan acı yeniden tetiklenir, gündemde kalır. Tıpkı pembe bir fili düşünmemek için bir yandan aklımıza başka şeyler getirmeye çalışmamız gibi...

"Hareket Etmezsen Acı Üzerinde Birikir."[7]

Hızla küçülen bir hayatın acısını çekiyordum. Deneyimsel Kaçınma oyununa kendimi o kadar kaptırmıştım ki bana nelere mal olduğunu göremiyordum. Bir zamanlar beni mutlu eden aktivitelerin çoğunu yapmayı bırakmış; hayatla, bana yaşadığımı hissettiren şeylerle gitgide daha az temas kurar hale gelmiştim. Zihnimin içinde yaşamaya başlamıştım. Belki de yaşamaktansa, sürüklenmek daha doğru bir kelime seçimi olur. Zira bedenimizin aksine, zihnimiz çok nadir olarak bu anda ve burada bulunur; çoğunlukla ya geçmiş ya gelecek bir zamandadır. Ben de bu yüzden ya düşüncelerimin peşinden geçmişe sürükleniyor, yaşadığım her panik atağı ve onların sebeplerini düşünüyordum ya da geleceğe odaklanıp beni gece gündüz takip eden bu kara yazgıyı tekrar yaşamamak için nelerden kaçabileceğimin planlarını yapıyordum. Kendimi soyutlanmış ve korkunç

7 Barış Bıçakçı, *Bizim Büyük Çaresizliğimiz*, İletişim Yayınları, s. 22.

derecede yalnız hissediyordum. En sonunda final dönemine iki hafta kala, koca bir okul döneminin boşa gitmesini göze alarak okulu dondurdum ve ailemin yanına, Türkiye'ye döndüm. Fakat eve dönmek sihirli bir dokunuşla sorunumu ortadan kaldırmadı. Tek yapmış olduğum çektiğim acıyı Miami'den İzmir'e taşımak olmuştu. Panik ataklarım hâlâ en sadık misafirlerimdi. Kardiyologlara, nörologlara gitmeye devam ediyordum. Tek konuştuğum şey panik ataklarım ve muhtemel kalp sorunlarım olduğundan arkadaşlarım tek tek benden uzaklaşmaya başlamıştı. Hâlâ kaygı işareti olabilecek her şeyden kaçıyor, sürekli durumuma bir çare arıyordum. Hayatın bana dağıttığı kartlardan hiç memnun değildim. Sürekli korkudan korkma hali içindeydim ve bu korku attığım her adımı kontrol ediyordu. Yerden onlarca metre yükseklikte, dapdar bir iskele üzerinde yürüyordum sanki. İskelenin altındaysa içine düşmemek için her şeyi yapabileceğim panik denizi yatıyordu. Her anım, iskelenin iki yanında uzanan dipsiz boşluktan uzak durmaya adanmıştı. Başka hiçbir şey yapamaz olmuştum.

Günlerden bir gün anneme çaresizlik içinde, "Anne, ben böyle yaşamaya devam edemeyeceğim," dedim.

Beni o noktaya getiren şeyin ne olduğunu bilmiyorum ama sanırım artık anlamaya başlamıştım: Yaptıklarım, tüm o kaçışlarım etkili olmuyordu ve olmayacaktı. Duygu ve düşüncelerimi kontrol etme çabamın bana nelere mal olduğu gerçeğini görmeye başlamıştım. İçimdeki küçük kızı, babasının mütemadiyen, meraklılığının bir gün başına iş açacağını söyleyerek takıldığı o küçük Zeynep'i kaybetmek üzereydim. Karabiber ve tuz ektiği suda oluşan desenlerle saatlerce oynayan, küçük sarı plastik tornavidasıyla eşyaları sökmeye, parçalara ayırmaya çalışan o küçük meraklı kız gitmişti. Acemiliğimi, başlangıç ruhumu, bilinmeyene duyduğum heyecanı, deneme ve öğrenme azmimi kaybetmiş; belirsizliğe tahammül edemeyen, plansız adım atamayan birine dönüşmüştüm.

Emin olma isteğim merakımı öldürmüş, yaşama sevincimi rehin almıştı.

Ya Sonra

Sonrasında her şey bir anda, hızlıca değişmedi. Panik bozukluğum sürücü koltuğuna geçip hayatıma yön vermeye başlamadan önce panik temalı olmayan isteklerim, arzularım, hayallerim, keyif alarak yaptıklarım vardı. Rotamı yeniden o istikamete yavaş yavaş çevirdim. Hayatımda, kimisi epey büyük olacak bazı değişiklikler yapmam gerektiğini biliyordum fakat tam olarak nasıl yapacağım, nereden başlayacağım hakkında bir fikrim yoktu. Bildiğim tek şey, panik bozukluğumun pençelerinden kurtulmak istiyorsam onunla olan ilişkimi yenilemem gerektiğiydi. İçimdeki meraklı küçük kız geri dönsün istiyordum.

Meraklılığımı saklandığı yerden çıkarma, içimdeki yaşama sevinci dolu küçük kıza yeniden hayat verme isteğimden bahsettiğim bir seansta psikoloğum, "O küçük kız olsa, tüm bu ataklara nasıl yaklaşırdı?" diye sordu.

Biraz düşündükten sonra, "Merakla," dedim.

Çoğumuzun iğrendiği, evinde istemediği için öldürdüğü veya gazete kâğıdına sarıp dışarı attığı hamamböceklerinin bile peşinden merakla, arkadaşlık kurmak için mutfak zemini üstünde sürünerek giderdi çünkü o. Kaçmazdı.

"O halde senin için kaçmanın alternatifi merakla yaklaşmak," dedi bana.

Söyledikleri kulağıma öyle güzel geldi ki not alasım geldi.

"Aynen öyle," dedim.

"Peki bunu bir **deney** olarak yapmaya ne dersin? Asansöre binmenin seni rahatsız ettiğini ama sana arabaya binmek ya da kalabalık bir ortamda bulunmak kadar rahatsızlık vermediğini söylemiştin. O halde asansöre binmekle başlayalım... Oturduğun apartmandaki asansöre binip yalnızca bir dakika boyunca, her ne duygu, düşünce, fiziksel his beliriyorsa içinde onlara *merakla yaklaşmaya* ne dersin? Kontrol etmeye, kurtulmaya çalışmadan, tıpkı küçük Zeynep'in yapacağı gibi onları incelemeye ne dersin? Bakalım neler fark edeceksin... Bir dakika bittikten sonra istiyorsan kaç. Çığlık çığlığa kaç hatta. Ya da bir dakika daha kal. O ilk bir dakikadan sonra seçimi sana bırakıyorum. *Hayatını geri kazanmak adına,* yalnızca bir dakika, onlara var olmaları için izin vermeye ve onlarla kalmaya gönüllü müsün?" diye sordu psikoloğum.

Henüz kaybetmediğim ne kaybedebilirdim ki... Şimdiye kadar hissettiklerimden daha kötü ne hissedebilirim ki diye düşünerek, "Evet," dedim, "gönüllüyüm."

Demek ki meraklılığıma, acemiliğime geri dönmek, kendime "Şu anda yaşadıklarımdan, bu ataklardan kaçmasam ne olur? Durup burada, neler olduğunu izlesem ne olur?" diye sormak demekti. Yargısızca. Merakla.

O seanstan sonra, korka korka asansöre bindim. Savaşma dürtüsüyle değil, yakınlık kurma niyetiyle. Neler olacağını merak ediyordum. Kısa bir süre içinde kalbim hızla çarpmaya, ellerim terlemeye, midem bulanmaya başladı.

Kaçmadım. Durdum.

Zihnim tüm bu yaşadıklarımın dayanılmaz olduğunu, çok korkunç olduğunu, bu sefer kesin kalp krizi olduğunu söyledi ve ben tüm o düşünceleri de duygularımın yanına koydum, hepsine zihnimde, kalbimde, ellerimde, midemde yer açtım.

Kaçmadım. Durdum.

İçimden şefkatli, yumuşacık bir ses şunları söylüyordu, hâlâ hatırlarım:

Kusarsam, kusmaya odaklanacağım; panik atağı geçirirsem panik atağıyla gelen duyguları yaşayacağım; bayılırsam bayılacağım... Ve günüme devam edeceğim. Yapmak istediklerimi yapmaya devam edeceğim.

Kolay mıydı? Kolay veya zordan ziyade, rahatsızlık vericiydi. Bildiğim, tanıdığım gibi alışılagelmiş de değildi. *Beni felç edecek bir panik dalgası gelecek ve ben hiçbir şey yapmayacağım. Nasıl yani?* Şu ana kadar yaptığım her şeye çok ters ve tuhaf düşen bir alternatifti. Dikkatle seçtiğim, sayısız yöntemlerimden birini uygulamaktansa *hiçbir şey* yapmama seçeneği ile karşı karşıyaydım. Fakat belki de uzun zamandır ilk defa bir *seçim* şansım olduğunu fark ettim. Olanları kabul etmeyi seçebilirdim ya da seçmezdim; rahatsız edici duygu ve düşüncelerime yer açmayı, onlarla kalmayı seçebilirdim ya da seçmezdim. İçimde bir yerlerde yine aynı şefkatli ses, istediğim hayatın aynı anda hem engebeli hem de tatmin edici olabilecek yoluna kabul ederek ve gönüllü olarak tekrar girebileceğimi söylüyordu.

Deneyden sonraki seansta deneyimimden bahsederken psikoloğuma, "Farklıydı..." dedim. Zorlandığımdan bahsettim. "Bindim asansöre ama korkularım geçmedi," diye de ekledim.

Çorba yapmayı da içmeyi de –özellikle de brokoli çorbasını– çok sevdiğimi bilen psikoloğum, "Düşün ki," demişti, "yanlışlıkla, heyecanla tencereden kâsene doldurduğun çorbana tuz yerine şeker atıyorsun. Tadıyorsun ve dehşete kapılıyorsun.

Ağzının tadı kaçıyor haliyle. Ne yaparsın böyle bir durumda? İçine atılmış şekeri çıkarmaya mı çalışırsın, yoksa kâsene tencerede kalan çorbadan mı eklersin?"

Ben ilkini yapıyordum. Asansöre binmek için, misal, önce korkumun gitmesini bekliyordum. Panik atağı geçireceğim korkusunun, *aklımı yitireceğim* korkusunun, *ya başıma bir şey gelirse*, *ya delirirsem*, *ya bu sefer kalp kriziyse* korkusunun geçmesini bekliyordum. İçimde var olan korkuyu çıkarıp atmaya çalışıyordum. Bu tıpkı psikoloğumun da benzettiği gibi çorbanın içinde var olan şekeri çıkarmaya benziyordu. İmkânsızdı. Dahası meşakkatliydi, boşa harcanan enerjiydi. Halbuki korkumla **beraber** asansöre binersem duygularımın her seferinde aynı şiddette olmadığını, her seferin bir diğerinden farklı olduğunu deneyimleme fırsatım olacaktı. İlk önceleri rahatsız edecekti elbet, tıpkı biraz çorba koyup tadına baktığımda hâlâ şekerli olduğunu fark etme ihtimalim gibi. Fakat zamanla, kâseme daha fazla çorba koyarak, daha fazla ve farklı deneyimler edinerek ağzımın tadı yerine gelebilecekti. Bir süre sonra, şekerin tadı ufaktan ağzıma gelmeye devam etse de korkum hâlâ beni yoklasa da eskisi kadar rahatsız etmeyecekti.

Bunu deneyimlemenin tek bir yolu vardı: Korkup kaçındığım şeyleri, korkunun geçmesini beklemeden, korkumla **beraber** yapmak.

Asansörün içinde bir dakika kalma deneyimini, bir alt kata asansörle inmek takip etti. Sonra sokağa çıkıp yürüyerek gittiğim marketten bir dondurma alıp eve geri geldim. Biraz daha sonra bir alışveriş merkezine yolcu koltuğunda oturduğum arabayla gidip, içeri girmeden, önünde biraz vakit geçirdim. Birkaç gün sonra aynı alışveriş merkezinin bu sefer içine girip bir dükkânın vitrinini inceledim.

Bütün bunları korkuma *rağmen* değil, korkumla *birlikte* yaptım.

Zamanla tüm bu ve benzeri deneylerden sonra, *tuhaf* olan *rahatlatıcı* olmaya başladı. Deneyimlediklerimle savaşmaktansa gökyüzünde süzülen bulutları seyreder gibi o an yaşadığım her duygunun, her düşünce ve her fiziksel hissin gelişini ve gidişini izliyordum. Ve ne ilginçti ki, duyguların izleyicisi olmak, düşman saydığım duyguları yok etmek için mücadele vermekten daha az gayret gerektiriyordu. Mücadele vermek ağır, kabul etmek hafifti.

Panik ataklarım karşısında artık önlem almaya çalışmamam, o anlarda bana rahatsızlık veren duygu ve düşüncelerim dışındaki şeyleri de fark etmemi sağladı. Yüzümü öpen güneşin sıcaklığı, yağmurun ritmik sesi, bir çocuğun bir sokak kedisini sevişi[8], sıcak kahvenin bardaktan dans ederek süzülen buharı, beni taşıyan ayaklarımın yerle teması; tüm bunlar ve daha nicesi panik ataklarım esnasında da var olan şeylerdi. Kendimi bir adım geride durarak deneyimlerimi merakla gözlemleme

8 Turgut Uyar'ın "Tut ki Ben" şiirinden.

konusunda eğittikçe, farkındalık alanım genişlemeye başladı. Paniğim anın başrolü olmaktan çıktı. Etrafındaki bulanık her şey netleşmeye başladı. Tecrübelerime baktığım perspektif genişledikçe aynı zamanda başka bir şey daha netleşti: hangi davranışlarımın işe yarayıp hangilerinin yaramadığı. Hangilerinin beni daha zengin, daha renkli, daha anlamlı, daha istediğim gibi bir hayata taşıyacak oldukları görünür hale geldi.

Farkındalığın ve kabulün yolunda yürümek, uzun zamandır yapmadığım şeyleri yapmaya başlamamı sağlamıştı. Yeniden spor yapmaya; sinemaya, tiyatroya, konserlere gitmeye, arkadaşlarımla buluşup panik ataklarım etrafında dönmeyen konulardan konuşmaya başladım.

Uçağa binip dondurduğum okuluma kaldığım yerden devam etmek için ABD'ye döndüm.

Ve en sonunda yeniden sürücü koltuğuna oturdum.

Arabamın da hayatımın da.

Hissetmeye Gönüllü müsün?

Eskiden panik bozukluğum olduğunu duyan, panik bozukluktan muzdarip çoğu insan bana, "Onu nasıl yendin?" diye soruyor. Panik bozukluğu nasıl "yendiğimi" merak ediyor. Bense her seferinde aynı cevabı veriyorum. "**Yenmek** kelimesini sevmiyorum," diyorum, "bana savaşmayı çağrıştırıyor. Ben savaşmamaya niyet ettim."

"Ama artık panik atak geçirmiyorsun, öyle değil mi?" diye soruyorlar, onları onaylamamı ümit ederek.

"Panik, arada misafirliğe geliyor hâlâ," diyorum.

Tatmin olmuyorlar, anlıyorum anlamasına ama gerçek bu. Panik hâlâ geliyor ziyaretime fakat artık ne ben ondan kaçıyorum ne o beni kovalıyor. Onu farklı deneyimliyorum artık çünkü onunla olan ilişkim değişti. "Panik atağı" yerine "panik misafiri" demeyi seçmem bile bu yüzden olabilir. Ona ve beraberinde getirdiklerine, Küçük Zeynep'in gözlerinin ardından, merakla yaklaşmaya niyet ediyorum.

Şimdi nefesim hızlandı... Şimdi korku duygusu geldi. Şu anda aklımı yitireceğim düşüncesi geçiyor zihnimden. Devamında ne gelecek acaba?

Eğer tüm dikkatimi vermem gereken bir şeyin ortasında, örneğin ben bir sunum yaparken misafirliğe gelirse panik, hissettiğim duygulara şefkatle yaklaşıp var olmaları için onlara yer açıyorum. *Onlar sadece birer duygu... Ben onlara tutunmadıkça geçip gidecek olan duygular...* Düşüncelerime de aynı şefkatli muameleyi yapıyor; onların da varlıklarını kabul ediyor; nazikçe arka plana geçirip onları, içinde bulunduğum ortamı getirip ön plana, şimdiye ve buraya geri dönüyorum. Farkındalığımın, sunumumdan paniğime kaydığını her fark edişimde, onu nazikçe yeniden sunumuma getiriyorum. Tıpkı yavru bir köpeği gelmesini istediğim yere yönlendirir gibi. Tasmasını şefkatle tutuyorum. Bu yaptığımı dikkatimi dağıtmaktan veya herhangi başka bir **Deneyimsel Kaçınma'dan** farklı kılan, paniği hissetmeye **gönüllü olmam**.

Zira eskiden değildim. Paniğe direniyordum.

Duygu ve düşüncelerimizi bastırmanın, onlardan kurtulmaya, kaçmaya çalışmanın işe yaramadığını fark etmemle birlikte Deneyimsel Kaçınma'nın altında yatan denklem de netleşti:

PANİK + Paniği Hissetmeye Gönüllü Olmamak = PANİK BOZUKLUK

Aynı denklem depresyon için de geçerli.

Depresyon, üzüntü veya bazı durumlarda öfke veya yas gibi duyguları yaşamamak için ödediğimiz bedeldir.

ÜZÜNTÜ + Üzüntüyü Hissetmeye Gönüllü Olmamak = DEPRESYON

Duygu ve düşüncelerimizi oldukları gibi deneyimlemeye **gönüllü olmadığımız** zaman, onların şu ankinden farklı olmaları için çabalarız. Böyle bir mücadelenin içine girmek bizi körleştirir, şu andan uzaklaştırır. Savaşmayı bırakmak demek duygularımızı ve düşüncelerimizi deneyimlemeye gönüllü olmamız, şimdiki anı olduğu gibi kabul etmemiz demektir. Savaşmayı bırakmak demek, "Senin için önemli olan o şeyi yaparken sana rahatsızlık veren duygu ve düşüncelerine yer açabilir misin?" sorusuna "Açabilirim," diye yanıt vermektir.

Savaş alanından çekildiğimizde duygu ve düşüncelerimizi kontrol etmeye, onları değiştirmeye, yok etmeye çalışma esnasında oluşan gerginlik, stres ve direnç ortadan kalkar. Gönüllü olmak, bizi rahatsız eden duygu ve düşünceleri sevmek demek değildir. Gönüllü olmak, ne hissediyorsak hissetmeye, ne düşünüyorsak düşünmeye yer açmak ve onları yaşamaktan kaçmamaktır. Dikkatimizi genişletip, tüm enerjimizi ve odak noktamızı kontrol edilemezi kontrol etmekten aldığımız zaman şu anın farklı boyutlarını da fark edebilir, deneyimleyebiliriz. Artık kaçmıyoruzdur. Neredeysek orada kalabilir ve kargaşa içindeyken gözümüzden kaçan, fark etmediğimiz seçeneklerimiz olduğunu görebiliriz. Ve böylece daha iyi kararlar verebilir, daha etkili, daha işe yarar davranışlarda bulunabiliriz.

Ne benim anlattıklarıma inanın, ne zihninizden geçenlere.

Gelin, bu kez deneyiminize inanın.

Deneyiminiz size ne söylüyor?

Deneyiminize kulak verseniz, sizce duygu ve düşüncelerinizden kurtulmak için yaptığınız şeylerin işe yaradığını mı söyler, yaramadığını mı?

Benimki işe yaramadığını, kendimi daha fazla yormamamı söylüyor.

Elimden gelen her şeyi denediğimi söylüyor.

Eğer sizin zihniniz de benzer şeyler söylüyorsa, gelin, daha fazla yormayalım artık kendimizi. Biraz dinlenelim. Kazanmak için savaşmayı bırakalım. Pes edip kaybetmeye de oynamayalım. Artık savaş alanından çekilelim.

BÖLÜM II

GÖZLEMLEYEN BEN

Her bir nefis, yanında bir sürücü
ve bir şahid ile gelmiştir.
50/KAF-21

Birkaç yıl önce, İngiltere'de "Öz-güven mi, Öz-kabul mü?" adında üç günlük bir seminerdeyim. Londra Üniversitesi'ne ait bir kampüsün ilk katında, ferah bir odadayız. Yirmi beş-otuz kişi kadarız. Hepimiz psikoloji bilimiyle ilgilenen insanlarız. Biliyorum, çünkü katılım şartlarından biri bu. Oturduğum üçüncü sıradan etrafa şöyle bir göz gezdiriyorum ve herkesten yaşça küçük olduğumu görüyorum. Bunu fark ettiğimde kelebekler kanat çırpmaya başlıyor midemde; ellerimin ısısının, nabzımın arttığını hissediyorum. Kendimi, bilgimi ve zekâmı otuz ayrı kişiyle kıyaslarken buluyorum. "*Olsun,*" diyor içimde iyimser tarafım, "*kendimi geliştirecek, onlara yetişecek bolca zamanım var.*" Çok az da olsa rahatlıyorum. Derken seminer başlıyor...

Seminer sırasında profesörün söylediği bir şey sinmiyor içime. Söz alıp daha fazla açıklayabilir mi diye rica etmek istiyorum. Tam kaldıracağım parmağımı, vazgeçiyorum. *Ne gerek var şimdi herkesten daha bilgisiz, daha da kötüsü aptal görünmeye. Çok elzem bir bilgi olduğunu da sanmıyorum üstelik. O kısmı anlamasam da olur.* Yaslanıyorum arkama ve dinlemeye, *yalnızca* dinlemeye devam ediyorum.

İlk günü, *yarın hâlâ sinmezse içime, o zaman sorarım* düşüncesiyle kapatıyorum. *Bugün dikkat çekmeye gerek yok.*

Ne tesadüf ki ikinci gün de pek bir sessizim. Farklı katılımcılar söz almak için el kaldırmaya başladıkça gerginliğim artıyor. Onlar konuştukça ben sesimi kaybediyorum. Fakat artık sessiz kalıp yalnızca dinlemek sakinleştirmiyor içimdeki kelebekleri. İşte küçük grupların da böyle bir sıkıntısı var, söz almadın mı da dikkat çekebilirsin! *Ama şimdi kendime de hak vermem lazım, diğer katılımcılar benden katbekat tecrübeli. Üstüne üstlük inanılmaz derecede akıllılar. Derinlikli sorular soruyor, doğru noktalara değiniyorlar. Her söz alan, aklımı başımdan alıyor. Kararlı ve korkusuz bir duruşları var. Çok belli, her biri işinde bir numara.*

Seminerin ilk iki gününü oturduğum rahatsız sandalyede, tüm bu mantıklı gerekçelerle dilime düğüm atarak, sessiz kalarak atlatabildim. Fakat üçüncü gün işin rengi değişti. Üçüncü günün ortasına doğru, semineri veren profesör, "Gelin bir egzersiz yapalım," dedi ve yardımcısına bize dağıtması için küçük not kâğıtlarından uzattı; hani şu, ihtiyaç listesi olarak buzdolabına veya önemli bir paragrafın üzerine not düşmek için yapıştırdığımız sarı kâğıtlardan. Bu yapışkanlı not kâğıtlarına kimsenin bilmesini istemediğimiz bir özelliğimizi yazmamızı istedi. Gizli tuttuğumuz, bir türlü sevemediğimiz, yok etmek istediğimiz, keşke hiç sahip olmasaydım dediğimiz özelliklerimizden birini... Bu egzersiz hayra alamet değildi.

Not kâğıdı elime geçtiği andan itibaren kalbim büyük olasılıkla dinlenir halde tıbben sağlıklı olmayan bir ritme geçti. Bu kâğıtlarla sonra ne yapacağımız henüz söylenmemişti, fakat içimden bir ses onların isimsiz kalmayacağını söylüyordu. Tüm seminer boyunca aptal biri gibi görünmemek için elimden geleni yapmıştım fakat şimdi foyam meydana çıkacaktı.

Daha kalemimin mürekkebi kâğıda değmeden, zihnim düşüncelerimi sansürlemeye başladı. En derin sırrımı; en karanlık, en mahrem gördüğüm yanımı ortaya koymaktansa daha az riskli bir şey yazmak beni cezbetmiyor değildi. "Mükemmeliyetçiyim" veya "Pimpirikli biriyim" gibi zararsız, hatta kimi zaman takdir gören itiraflarda bulunabilirdim mesela. Fakat bir yanım bu seminerden tam anlamıyla faydalanmam için daha cesurca davranmam gerektiğinin farkındaydı. O yanım merak ediyordu ne olacağını. Cesurca davranmak, risk almak, seminere tam anlamıyla katılmak, beni anlamlı ve zengin bir hayat yaşamaya götüren değerlerimle örtüşüyordu. Böylece, tedirgin ellerle, gizleyerek sağımdan ve solumdan kâğıdımı, o kelimeyi yazdım: *Aptalım.*

Yapışkan not kâğıtlarını üzerimize, kendi bedenimize yapıştırmamız söylendiğinde bir pişmanlık dalgası yayıldı vücuduma. Hemen bir çizik atmak istedim yazdığıma. Bir oda dolusu zeki, becerikli, kendini kanıtlamış insana, ne kadar yetersiz ve yeteneksiz, ne kadar ürkek, ne kadar cahil, ne kadar **aptal** bir insan olduğumu göstermek üzereydim. Bunu herkesin bilmesine ne gerek vardı? Harika bir hafta sonu geçirmiştim ve şimdi onun yokuş aşağı gidişini izleyecektim.

Bir sonraki adım ayağa kalkıp, odada sessizce gezinmek, başkalarının vücutlarına yapıştırdıkları notlarını okumaktı. Bunu yaparken konuşmayacak, notunu okuduğumuz kişiyi sessizce selamlayacaktık.

Herkes yavaş yavaş ayaklanırken ben bir süre duraladım oturduğum yerde. Yazdığım nota baktım: *Aptalım.*

Ben çok sarf ettim kendime bu sözü ama hep içimden. Bir sır gibi sakladım el âlemden. Beni sevmezler, beni aralarına almazlar, benimle alay ederler, bunu duyarlarsa onlar da inanır diye, korka korka sakladım. Şimdiyse yıllardır herkesten sakladığım ne varsa ifşa olacaktı. *Zeynep*, dedi cesur davranmaya niyetli tarafım, *buraya yeni şeyler öğrenmeye ve gelişmeye mi, yoksa saklanmaya mı geldin?* Bu bir intihar değil, bir imtihandı. *İyisi mi,* dedim, *kendimi akışa bırakayım.* O sarı, yapışkan not kâğıdını gövdeme, kalbimle midemin arasına, üzüntümü ve korkumu en çok hissettiğim yere yapıştırdım. Sanki oksijen değil cesaret toplamak istercesine derin bir nefes aldım ve bir oda dolusu yabancıya bu çirkin ve utanç verici sırrımı göstermek üzere yavaşça yerimden kalktım.

Beklenmeyen

Odadaki kısa yolculuğum esnasında zihnimin öngörmediği bir şey oldu. Tüm hafta sonu beni büyüleyen o bilgili, özgüvenli insanlar gözümün önünde birer birer "normal" insanlara dönüşmeye başladı; kusurları, hataları olan normal insanlara. Birinin alnına yapıştırdığı kâğıtta "Çirkinim" yazıyordu; diğerininse kalbinin üzerinde, "Yeterince bilgili değilim." Bir diğerinin kâğıdı "Sahtekârım" diyordu.

İmkân yok tutamam böyle anlarda kendimi, hemen sızlamaya başlar burnumun direği, gözlerim dolar. Geri kalan notları buğulu gözlerimin ardından okumaya devam ettim: "Şişmanım", "Takıntılıyım", "Sevimsizim", "Sevilmiyorum", "Başarısızım", "Yeterli değilim", "Korkağın tekiyim."

Zeki, özgüven dolu, korkunç başarılı olduğuna inandığım insanların tamamı kendi dünyalarında, başkalarının fark etmemesini umdukları karanlık "gerçekleriyle" yaşıyordu.

Oysa ben mümkün değil koyamazdım o kelimeleri o güzelim insanların yanına. Yakıştıramazdım. Ancak konuşmamamız söylendi bir kere. O yüzden kimse kimseye müdahale etmedi, caydırmaya çalışmadı. Kimse bir diğerine "Hayır! Sen çirkin değilsin", "Gayet bilgilisin! Kaç gündür çok zekice yorumlar yapıyorsun", "Buraya gelecek kadar cesur olduğuna göre korkak olamazsın" demedi. Hepimiz birbirimizi sessizliğin içinde şefkatli bakışlarla kucaklıyor, birbirimize hayatın çoğunda gün ışığına çıkmasın diye saklamakla geçirdiğimiz karanlıkta eşlik ediyorduk.

Odadaki turumu tamamlayıp yerime oturduğumda, korkum ve tedirginliğim yerini anlayış ve şefkate bırakmıştı.

Bu bir imtihandı elbet. Aynı zamanda da bir armağan.

Yalnız olmadığımın farkına vardıran, hatırladıkça sıkı sıkı sarılacağım bir armağan.

Sizin Etiketleriniz Neler?

Demek ki hepimiz meyilliyiz kendimizi etiketlemeye. Kendimiz hakkında bir hikâye yazmaya. Demek ki bu durum ne cinsiyete ne hüviyetinde yazan yere ne de kültüre bağlı. Demek ki kendimizle bağdaştırdığımız sıfatlara, hikâyelere tutunma eğilimi insani ve evrensel.

Kendimize seçtiğimiz etiketler, kendimize biçtiğimiz hikâyeler, kısacası kendimiz hakkında sesli veya sessiz söylediğimiz her şey...

Seminerde bizden gizli tutmaya çalıştığımız bir özelliğimizi yazmamızı istemişlerdi. Ancak biz, her zaman yalnızca sevmediğimiz özelliklerimizle tanımlamayız kendimizi. Kendimizi tanımlamak için mesleğimizi kullanabiliriz: psikolog, öğretmen ya da işadamı gibi mesela. Veya neşeli, ciddi, dürüst, esprili gibi doğamızı ifade eden sözcükler de olabilir. Yetenek ve özelliklerimiz olabilir: "Zeki biriyim", "Kolay sinirlenirim", "Çok güzel dans ederim,", "Tersim çok terstir" gibi. Dinimiz, cinsiyetimiz, cinsel yönelimimiz, hayatın içindeki rollerimiz de olur pekâlâ. Veya benim İngiltere maceramda olduğu gibi "Çirkinim", "Sevimsizim", "Hatalıyım" gibi, başkalarının fark etmemesini umduğumuz eksikliklerle de tarif edebiliriz kendimizi.

Merak ediyorum, siz nasıl tarif edersiniz kendinizi?

"Bana kendinden bahsetsene biraz," desem size, cevap verirken hangi kelimelerden, sıfatlardan yardım alırsınız?

"Güçlü" der misiniz mesela kendiniz için?

Yoksa "Güçsüz biriyim" demek daha mı uygun?

Her şeyi kafasına takan biri misiniz? Yoksa gamsız mısınız?

Yaşınız geliyor mu aklınıza kendinizi tarif ederken? Peki ya cinsiyetiniz? Cinsel yöneliminiz? Toplum içindeki rolleriniz? Medeni durumunuz?

Eksik bulduğunuz şeyler var mı kendinizle ilgili? Misal, özgüvensiz bulur musunuz kendinizi? Veya korkak der misiniz kendiniz için? Yoksa çok mu cesursunuz?

Mutlu bir insan mısınızdır? Yoksa melankolik misiniz? Küçük şeyler yeterli midir yüzünüzü güldürmeye, yoksa kolay memnun edemez mi kimse sizi?

Eğlenceli biri misiniz? Yoksa sıkıcı mısınız?

En sevdiğiniz özelliğiniz ne?

Peki ya en sevmediğiniz?

Siz o sarı yapışkanlı kâğıda ne yazardınız?

Siz kimsiniz?

...

Hatta eğer uygunsa sizin için, okumaya ara verin ve elinize bir kalem ve kâğıt alın. Kendinizi mümkün olduğunca sansürlemeden, sizi tarif ettiğine inandığınız, kendinize dair şu an aklınıza gelen tüm tanımlamaları yazın. "İyi" veya "kötü"... Bu asla bir mülakat değil. Üç kelimeyle sınırlı kalmayın. Ve güvenin bana, yazdıklarınızı kimseye göstermenizi istemeyeceğim. Yalnız ufak bir ricam olacak, listeyi kendi el yazınızla yazın.

Listeniz bittiğinde kaç kelime yazdığınızı hesaplayın. On tane yazabildiniz mi? Yirmi? Elli? Ben bu alıştırmayı kendim için ilk yapışımda otuz sekiz etiket bulmuştum. Tahminim hâlâ kendiniz için kullandığınız tüm etiketleri kâğıda dökmemiş olduğunuz yönünde. Bu tahmini nasıl mı yapıyorum? Çünkü biz insanlar, isimlendiren, kategorize eden ve sınıflandıran canlılarız. Olur da burada yaptığım şeyin etiketleme yapmanın kötülüğüne işaret etmek olduğunu düşünüyorsanız, kendimi açıklamak isterim: *Kötü bir şey değil. İnsani bir şey.*

Doğamızda var, biz etiketleyen yaratıklarız.

Etiketlerimiz Nereden Geliyor?

Hem kendimizi hem de çevremizi etiketlemek, sürekli değişen dünyada bir istikrar yakalamamızı sağlıyor. Hayattaki yolumuzu bulmamıza yardımcı oluyor. Bu yolculukta bize yardımcı olmak için ebeveynlerimiz, dünyaya adım attığımız andan itibaren çevremizdeki nesne ve durumları etiketlemeye başlıyor.

"Hani anne?"

"Kimmiş bu? Ba-ba. Baba gelmiş."

"Göster bakayım ayaklarını bana."

"Cıss! Buna dokunma!"

"Pis! Onu alma!"

Kimin veya neyin güvenilir ve iyi olduğunu, aynı şekilde kimin veya neyin aynı derecede kötü ve güvenilmez olduğunu öğreniriz. Nelerden hoşlanmamız, nelerden hoşlanmamamız gerektiğini de çevremiz tarafından kabul gören davranışları da öğreniriz.

"Ahmet'in oyuncağını alma, bu hiç *hoş* değil."

"Ne diyorduk böyle zamanlarda? Teşekkür ediyorduk, değil mi?"

Dünyada var olan, karşımıza çıkan her şeyi ve her eylemi hayali sarı not kâğıtlarımızla etiketlemeyi öğreniriz. Birilerinin "arkadaşımız" olduğunu ve bu nedenle güvenilir olduklarını öğreniriz. Bazılarının yabancı olduğunu ve bu yüzden onlarla konuşmamamamız, en azından onları tanıyana kadar mesafemizi korumamız gerektiğini öğreniriz. Bazı yiyeceklerin lezzetli, bazı otların ısırgan, prize dokunmanın tehlikeli, böceklerin pis olduğunu öğreniriz.

Her şeyin üzerine etiketler yapıştırmayı öğrenirken aynı şeyi kendimize uygulamamamamız imkânsızdır. Dolayısıyla kendimiz hakkında da benzer bir öğrenme sürecinden geçeriz. Yine ebeveynlerimizin ve çevremizdeki diğer yetişkinlerin yardımıyla, kim olduğumuza dair bilgiler toplamaya başlarız.

"Kaç yaşındasın?"

"Anneni mi daha çok seviyorsun babanı mı?"

"En sevdiğin yemek ne?"

"Büyüyünce ne olmak istiyorsun?"

Bir annenin veya babanın çocuğuyla iletişim kurma biçimini düşünelim. "Ne mutlu bir çocuksun sen! Hep gülüyorsun, maşallah!" Bu çocuk gülmesinin sevinç duygusuna, sevinç duygusunun da mutluluğa eşit olduğunu öğrenir. Eğer bu ve buna benzer sözler ona yıllar içinde sık sık söylenirse en sonunda "mutlu bir çocuk" olduğunu öğrenecektir. Başka bir çocuk ise şöyle şeyler duyar:

"Bu kadar utangaç olma! Hadi git diğerleriyle oyna."

Bu yeterince tekrar edilirse çocuk "utangaç biri" olduğunu öğrenir. Yaşımız küçükken başlarız etiketlemeye, etiketlenmeye ve bir benlik algısı oluşturmaya.

Etiketlemenin kendisi bir sorun değil. Deneyimlerimizi tanımak ve etiketlemek kullanışlı bir beceridir. Bir çocuğun kendindeki veya çevresindeki bir duyguyu tanıması, gülümsüyorsa mutlu, ağlıyorsa büyük ihtimalle üzüntü hissettiğini bilmesi ne tehlikeli ne de kötüdür. Hatta çocukların duygularını tanımaları için ebeveynlerinin onları isimlendirmesine ihtiyaçları vardır. Aynı şekilde, çocukların kendi güçlü ve zayıf yanlarını bilmesinde de bir sorun yoktur. "Satrançta iyiyim", "Yüzme becerimi geliştirmeliyim." Bu bilinç, kişileri yeni yetenekler edinme ve var olan yeteneklerini geliştirme konusunda motive eder. Kendimizi kavramsallaştırmamız, diğer insanlarla iletişim kurmamızı da kolaylaştırır. Tanıştığımız birine kısa sürede kendimizle ilgili birçok bilgi aktarabiliriz. Örneğin biri size, "Ben titiz biriyimdir, dağınık ortamlar hiç bana göre değil," dediği anda, o kişinin evine ziyarete giderseniz eğer, derli toplu olmanız gerektiği bilgisini edinmiş olursunuz. Ben size, "Ben iyi bir arkadaşımdır," dersem mesela, sizin için iyi bir arkadaş demek ne gibi davranışlarla, özelliklerle, tutumlarla ilişkiliyse, beni de onlarla ilişkilendirirsiniz. Örneğin yalnızca "Ben iyi bir arkadaşımdır" dememle benim güvenilir ve dürüst biri olduğumu düşünebilirsiniz.

Etiketlerin sorun haline gelmesi, kişinin etiketiyle iç içe geçip bütünleşerek onu tanımlayan tek gerçeğin o etiket olduğuna inanmasıyla başlar. Etiketler, kendimizle ilgili bütünleştirdiğimiz hikâyeler, içlerinde ne yapmamız gerektiğini söyleyen kurallar taşır. "Utangaç biriyim" etiketiyle bütünleşen kişi hangi ortamlarda rahatsızlık duyacağını, nerelerden kaçınması gerektiğini veya kimlerle konuşmaması gerektiğini iyi bilir. Bütünleştiğimiz etiketler yalnızca kim olduğumuzu, bu zamana kadar nasıl davrandığımızı değil, bundan sonra da kim olacağımızı ve nasıl davranacağımızı da belirlemeye başlar. "Ben utangaç biriyim. Kimseyi doğru düzgün tanımadığım ortamlar bana göre değil," deriz kendi kendimize. Kendimizi, zihnimizin öngördüğü senaryolarla sosyal ortamlara girmekten caydırabiliriz: "Hemen yüzüm kızaracak", "Söyleyecek enteresan bir şey bulamayacağım", "Bütün akşam yine bir köşede tek başıma duracağım." Böylece sabit davranışlarla çevrili, kısıtlı bir hayat yaşamaya başlarız.

Etiketlerimiz Ne Kadar İşlevsel?

Benimle birlikte bir deney yapmaya var mısınız?

Şimdi size iki farklı durumdan bahsedeceğim. Sizden ricam, kendinizi mümkün olduğu kadar hikâyelerde geçen insanların yerine koymanız.

Kendinizi çirkin bulduğunuzu hayal edin. Ömrünüz boyunca buna inandığınızı düşünün. Hatta birkaç defa bunu çevrenizdeki insanlar da onayladı, hatta dile getirenler bile oldu. Şimdi farz edin ki bekârsınız ve sosyal bir ortamdasınız. Belki bir iş partisinde, belki bir doğum gününde. Çok etkileyici biri içeriye giriyor ve size baktığını fark ediyorsunuz. Sonra size doğru yürüyor. Yanınıza geliyor ve sizinle konuşmaya başlıyor. Tepkiniz ne olur? Unutmayın, kalbinizin derinliklerinde çirkin olduğunuza dair bir inanç var. Ne hissedersiniz? Ne düşünürsünüz? Bu kişinin sizden etkilendiğini mi? Bunun bir şaka olduğunu mu? Bu kişinin başka bir niyetinin olduğunu ve sizden bir şey istediğini mi? Size sadece arkadaşlık kurmak için yanaştığını mı? İçeriye çok çekici başka bir kadın veya erkek girdiğinde size duyduğu ilginin anında biteceğini mi?

Şimdi farklı bir senaryo düşünelim. Diyelim ki kendinizi başarısız buluyorsunuz. Hayatınız boyunca kayda değer bir şey yapmadığınızı düşünüyorsunuz. Belki de iyi bir öğrenci değildiniz. Okulu zar zor bitirdiniz, hatta belki bitiremediniz. Hiçbir zaman sevdiğiniz bir işi yapmadınız veya başladığınız hiçbir işi tamamlamadınız. Şimdi de işsizsiniz. Zaten çoğu insana göre de vasat olan bir işteydiniz ve yakın zamanda işten çıkarıldınız. Tanıdığınız biri size bir işten bahsediyor. Bu iş sizin hayallerinizdeki iş ve firmanın acilen bir elemana ihtiyacı var. Unutmayın, baştan aşağı bir hata olduğunuz, kayda değer hiçbir başarınız olmadığı, başarısız biri olduğunuz düşünceleriyle bütünleşmişsiniz. Hemen insan kaynaklarının iletişim bilgilerini alıp hayallerinizdeki o işe başvurur musunuz? Yoksa tereddüt mü edersiniz? "Bu işi bana asla vermezler," diye mi düşünürsünüz? "Mümkün değil, yapamam. Böyle harika bir iş için yeterli değilim, başvursam bile kesin işi benden daha becerikli biri alır," düşüncesi mi geçer aklınızdan?

Eğer bu senaryolar sizinle örtüşmüyorsa, kendinizi tarif etmek için kullandığınız kelimeleri yazdığınız listeye dönüp bakın. Farz edin, bu sefer ben size sarı yapışkanlı bir not kâğıdı uzatıyorum ve sizden kendinizi tam anlamıyla ifade ettiğine inandığınız, olumsuz bir etiketi seçip arasından bir değerlendirme yapmanızı rica ediyorum.

Bu etiketin sizi, davranışlarınızı, tercihlerinizi nasıl kısıtlayabileceğine dair bir değerlendirme yapın. Kendiniz hakkında canı gönülden inandığınız bir şey sizi az da olsa etkiliyor mu, hayatınızı yönlendiriyor mu, davranışlarınızı kontrol ediyor mu, seçimlerinizi kısıtlıyor mu?

Şimdiye kadar hep "olumsuz" etiketlerin üzerinde durduk lakin "olumsuz" diye sınıflandırabileceğimiz etiketlerle şekillenen örneklerdeki problem etiketin kendisi değil. Etiketler yalnızca biz onlara çok bağlı olmaya, sadık kalmaya, onlarla bütünleşmeye, iç içe geçmeye başladığımız zaman sorun haline gelir. Çünkü o zaman psikolojik esnekliğimizi yitirmeye başlarız.

Peki ya Olumlu Etiketler?

Kendimizi yardımsever, sevecen, zeki, eğlenceli, güçlü bulmanın nesi kötü olabilir Allah aşkına? Kendini aptal, sıkıcı, sevimsiz, çirkin, başarısız bulmaktan daha iyi değil midir en nihayetinde?

Birçok kişisel gelişim kitabında ya da kursunda, kendi kendimize "Ben sevecenim", "Ben akıllıyım", "Ben özgüvenliyim" gibi olumlu telkinlerde, olumlamalarda bulunmanın faydasından söz edilir. Amacım, kendimize ve başkalarına "olumlu" ifadeler kullanmanın yanlış olduğunu söylemek değil. Fakat olumlu etiketlerle de bütünleşmek sorunlara sebep olabilir.

Gelin bambaşka bir senaryoya daha, "olumlu" bir etiketle bütünleşme senaryosuna bakalım.

İyi bir arkadaş olduğunuza inandığınızı düşünün. Her zaman arkadaşlarınızın yanındasınızdır. Arkadaşlarınız ağlayacak bir omuz aradığında siz hep oradasınızdır. Arabası bozulan arkadaşınızı doktora siz götürürsünüz. Parasız kalan arkadaşınıza maddi desteği siz verirsiniz. Dertleşmek istediklerinde onları dinlersiniz. Her zaman yardıma hazırsınızdır ve herkes size "Ne kadar iyi bir arkadaşsın! Birinin sahip olabileceği en iyi arkadaşsın," der. Bunları duymak size çok iyi gelir. O kadar iyi gelir ki bu, "iyi arkadaş" etiketini yapıştırır üzerinize, her durumda onu giymeye başlarsınız. "İyi arkadaş" etiketiyle bütünleşmeye başlarsınız. Ve böyle bir hikâyeye tutunmuşken siz, bitkin düştüğünüz bir gece, arkadaşınız çok kötü halde sizi ararsa ne yaparsınız? Ya son günlerde başka arkadaşlarınızın yanına koşmaktan, herkesi mutlu etmeye çalışmaktan o gece çok yorgun ve uykusuz düşmüşseniz ne olacak? Tek isteğiniz doğruca uykuya geçmek fakat üzerinizde gururla taşıdığınız "iyi arkadaş" etiketi var, o zaman ne olacak? İkilemde kalabilirsiniz. *Eğer iyi bir arkadaşsam, değer verdiğim insanların yanında olmalıyım. Eğer "Üzgünüm ama şu an çok yorgunum, yarın konuşsak?" diyerek uykuma dönersem çok bencilce davranmış olurum. İyi bir arkadaş böyle bir şey yapmaz.* Gururla giydiğiniz etiketi kaybetmeye ya da onun lekelenmesinden korkmaya başlayabilirsiniz. Her an "iyi arkadaş" olmazsanız insanların size sırtını döneceğine, artık sizi sevmeyeceğine dair düşünceler üretebilir zihniniz. Kişinin bütünleştiği "iyi arkadaş" etiketi davranış repertuvarını daraltır.

Esnekliğini elinden alır. İyi arkadaşlık kavramına uymayacak şekilde davranmasına, sınır koyabilmesine, istediklerini dile getirmesine engel olur.

Bu senaryoyla, olumlu bir etiket dahi olsa, etiketi hayatta tutmaya çalışmanın, onu beslemenin bir soruna dönüşeceğini açıkça görebiliriz. İyi arkadaş olmak gibi olumlu ve görünürde zararsız bir etiketin bile ne kadar ağır bir yük olabildiğini ve hayatınızı ne kadar kısıtlayabileceğini görebiliriz.

Kendimde de olmak üzere, çevremdeki birçok kişide olumlu etiketleriyle uyumlu olma, tutarlı davranma çabasını gözlemleyebiliyorum. Bir yakınım, sırf "ben güçlüyüm" etiketine uymayacağı için çektiği üzüntü ve zorlukları sevdikleriyle paylaşamıyor mesela. Sonuç olarak kendini yalnız ve dışlanmış hissediyor. Diğer bir tanıdığım "ben zekiyim" etiketini korumak için etrafını kendisi kadar zeki olmayan, eğitimi kendisininki kadar kapsamlı olmayan kişilerle donatıyor. Bu şekilde "ben zekiyim" etiketi ve kendisi arasındaki uyum hiç sarsılmıyor. Fakat kendini geliştirebileceği, entelektüel olarak beslenebileceği, uyarılabileceği ortamların eksikliğini çekiyor.

Başka biri "ben adil biriyim" etiketine uymadığı için yaptığı haksızlıkları görememeye başlayabiliyor. Bir başkasıysa "iyi biri" olduğundan, "bir sineği bile incitmeyeceğinden", kazara kırdığı arkadaşından özür dilemesi gerektiğini göremeyebiliyor.

Kendimizle ilgili tutunduğumuz her genelleme davranış repertuvarımızı daraltır.

Nokta koymakta aceleci davranmasak bu kadar, kendimizle ilgili cümleleri kısa tutmasak, olduğumuz veya olabileceğimiz kişiye olan bakış açımızı genişletsek, olasılıklara yer açsak nasıl olur? Böylesi hem daha sağlıklı hem daha işlevsel hem de psikolojik olarak daha esnek olabilmemizi sağlar.

Örneğin "Genelde kibar bir insanım ancak biri beni zorlarsa bu kibarlığımı kaybedebilirim," desek daha hoş olmaz mı?

"Çoğunlukla adil biriyimdir; ancak zihnimin daha tahlil etmediğim karanlık köşeleri de yok değil," desek veya "Güçlüyüm ve aynı zamanda, yeri geldiğinde üzüntümü, sıkıntımı, yakınmalarımı arkadaşlarımla paylaşır, onların desteğine ihtiyaç duyarım," desek daha özgür olmaz mıyız?

Başkaları Bizim Hakkımızda (Etiketlerimiz Hakkında) Ne Düşünüyor?

Ne zaman uzun bir iş gününün ardından New York'ta çalıştığım hastaneden çıksam, böyle bir mesleği yaptığım için ne kadar şanslı olduğumu düşünürdüm. Bir psikolog[9] olmaktan, başkalarına yol arkadaşlığı etmekten, gün boyunca birbirinden farklı hikâyeleri merakla dinlemekten büyük mutluluk

9 New York'ta çalıştığım süreçte unvanım "Mental Health Counselor"dı.

duyardım. Ofisten çıkıp dış dünyaya adım attığımdaysa bu "özveriyle, sabırla, merakla, yargısızca dinleme" becerimi de yanımda götürmeye gayret gösterirdim... Bazen. Çünkü bazen öyle günler oluyordu ki, ofisten çıkar çıkmaz telefonumu kapatıyordum. Bazı günler kimseleri dinlemek istemiyordum. En sevdiklerimi bile. Bazı günler içimdeki şefkatli dinleyiciden uzaklaşıyordum.

Bir gün çıkmışım yine ofisten, zorlu bir gün geçirmişim. İş günümü yakın zamanda intihar girişiminde bulunmuş bir danışanla kapatmışım. Yorgunum, üzgünüm. Annem de evde beni bekliyor, ziyaretime gelmiş İzmir'den o gün. Neden çıktığını hatırlamadığım bir tartışmanın içinde buluyorum kendimi kapıdan girişimin en fazla onuncu dakikasından sonra. Konuşmamız birden alevleniyor. "Anne," diyorum, "ne olur! Değil tartışmak, kimseyle konuşmak bile istemiyorum." Ve bana o kalbime işleyen hayal kırıklığı ile bakıyor, hâlâ zihnimden gitmemiş ki bu satırları yazarken bile içim cız ediyor. Ve şu sözleriyle karnıma bir hançer saplanıyor: "Bir de psikolog olacaksın, Zeynep! Bana karşı daha anlayışlı olmalısın."

Başkaları bizi, yaptığımız işle uyuştuğuna inandıkları gözlüklerin ardından görür.

Sen bir psikologsun. Her zaman psikolog gibi davranmalısın.

Yalnızca yaptığımız iş değil, aynı zamanda rollerimizle, cinsiyetimizle, medeni halimizle de bizden beklenenler var.

Örneğin bir kadın olarak bana, toplum ve ailem tarafından verilen belirli davranış, konuşma ve giyim tarzları var. Diğer insanlar işimizle, rolümüzle, cinsiyetimizle, medeni halimizle tutarlı davranmamızı bekler.

O gün, anneme karşı olan sert tutumumu hemen geri yutmuştum. Kendimi çok suçlu hissetmiştim. Sanki yalnızca annemin değil aynı zamanda tüm ruh sağlığı sektörünün, tüm meslektaşlarımın gözünden düşmüş gibi olmuştum. Bir sinir anında psikolog kimliğimden, şefkatli tutumumdan uzaklaşmıştım.

Ancak durum şu ki ben yalnızca bir "psikolog" değilim. Ben aynı zamanda bir kadın, bir evlat, şimdi bir eş ve duyguları olan bir bireyim.

Hissettiğim suçluluk duygusu yavaşça yerini alınganlığa, ardından da üzüntüye bırakmıştı. En sonunda fark ettim ki hem annem hem de ben, bir etikete karşı korkunç bir bağlılık duyuyorduk. Bu bağlılığın bedelini, hayatımı parmaklıkları kurallar ve düzenlemelerden oluşan bir kafesin içinde geçirerek ödüyordum. "Psikolog" etiketime olan bağlılık yalnızca danışanlarıma karşı değil, günlük yaşamımda da nasıl hissetmem ve davranmam gerektiğini belirler hale gelmişti. Çok sıkı bir şekilde yargısız, anlayışlı ve şefkatli bir tutum içinde olmam gerekliydi. Öfkemi kontrol etmeli, yeri geldiğinde kişisel ihtiyaçlarımı geri plana itmeliydim. Kontrollü davranmalıydım.

Sonuç? Çok derin bir yalnızlık ve dışlanmışlık; yüzeyde kalan insan ilişkileri... Mutsuzluk.

Acısıyla tatlısıyla dolu, anlamlı ve zengin bir hayat yaşamak istiyorsam hareket alanımın, seçeneklerimin sınırlı olduğu o kafesten çıkmalıydım. O kafesi açan anahtarsa değerlerimdi. Evet, insanlara şefkatle, sevgiyle davranmaya, yardımsever olmaya değer veriyordum. Fakat aynı zamanda yakınlığa, adalete, kendimi açıkça ifade etmeye, risk almaya da değer veriyordum. Duygularımı yakınlarımla paylaşmaya değer veriyordum. Sahici olmaya değer veriyordum. Tek yapmam gereken değerlerimle paralel yaşayabileceğim uygun ortamları keşfetmek için kendime müsaade etmekti. İşimden, rolümden, kısacası etiketimden ötesini görebilmekti.

Davranışlarımızı kendimizle bütünleştirdiğimiz etiketlere göre belirlemek tıpkı farklı renklerle dolu bir palete sahip olup yalnızca tek bir tonla hayatı idame ettirmek gibidir. Kiminin eli koyu renklere gitmez. Koyu renkler korkutur. Tuvallerini sadece parlak renklerle boyarlar. Hep parlak renkleri kullanmışlardır ve kısıtlayıcı olsa da alacakları sonuçları kestirebiliyorlardır. Koyu renklerin parlak renklere derinlik verebileceğini görmezden gelirler. Kimiyse paletinde sadece koyu renkleri görür. "Mutsuz", "depresif", "başarısız" etiketleriyle bütünleşmiş insanlar için de hayatın diğer renklerini görmek aynı derecede zordur.

Muhafaza ettiğimiz hikâyeler vardır; çok önceden kendimize yapıştırdığımız etiketler. Ve çoğumuz, kendimizle bütünleştirdiğimiz etiketler, hikâyeler olumsuz dahi olsa, onlara ters düşen fikirleri duymaya, davranışlarda bulunmaya direnç gösteririz.

Nasıl biri olduğumuzla ilgili etiketlere sıkı sıkıya tutunduğumuz zaman hikâyemizi bedenimizi savunacağımız şekilde savunuruz. Bir kişinin kendi etiketine gösterdiği bağlılık, yaşamı tehlikeye atıldığında gösterdiğiyle aynıdır. Neden mi? Çünkü sürekli değişen dünyada bir sabite ihtiyaç duyarız; üzerinde durabileceğimiz bir temele. Çoğu şeyin belirsiz olduğu bu dünyada kim olduğumuzu bildiğimize inanmak bize tutarlılık ve kontrol duygusu verir. Tıpkı 20. yüzyılın en önemli psikologlarından biri olan B. F. Skinner'ın dediği gibi, "*Kendisine yöneltilen sorularla kendinin* ***farkında*** *olması sağlanan biri, davranışlarını* ***tahmin ve kontrol etmek*** *konusunda daha iyi bir konumdadır.*"[10] Kişi kendini bilirse nerede ne yapacağını kestirebilir. Hareketlerini ve tepkilerini öngörebilir, kontrol edebilir. "Ben tutamam şimdi kendimi, ters bir şey söylerim, en iyisi hiç gelmeyeyim oraya," diyebilir ve bir yere gitmemeyi seçerek zihninin öngördüğü çatışmadan kaçınabilir.

---

10 B. F. Skinner, *About Behaviorism*, Knopf, New York, 1974, s. 35.

Kim olduğumuzu bilmek bize güvende, dengede hissettirir. Fakat bazen kim olduğumuzla ilgili hikâyeye o kadar sıkı tutunuruz ki, hikâyemiz bizim için fırtınalı bir denizin ortasındaki kayık olur. Bizi tarif ettiğine inandığımız etiketlerle öyle bir bütünleşiriz ki, benliğimiz ve etiketimiz arasındaki farkı ayırt edemez hale geliriz. Sanki o sarı yapışkanlı kâğıtlar, üzerimize sonradan yapıştırdığımız şeyler değil, doğum lekelerimizdir.

Biz, etiketler olmuşuzdur. Etiketler ister olumlu ister olumsuz olsun, aradığımız şey tutarlılıktır. Davranışlarımız etiketler doğrultusunda şekillenir çünkü tutarlılığın bozulma olasılığı bizi strese sokar.

Eğer davranış repertuvarımızı kısıtlamasaydı, kendimizi davranış ve deneyimlerimiz yardımıyla tarif etmek bir problem olmazdı. Fakat sorun şurada başlıyor; tutarlılık pahasına birçok davranışımıza ve deneyimimize karşı duyarsızlaşmaya başlıyoruz. Kendimizi tek bir etiket, etiketler grubu veya hikâye olarak tanımladığımızda, kendimize başka, belki de daha işe yarar bir şekilde davranma imkânı tanımamış oluyoruz. Örneğin, "sabırlı" etiketiyle bütünleşmişseniz, sabırsız olarak adlandırılabilecek bir davranışta bulunduğunuzda, "Kendimde değildim," gibi bir açıklama yapabilirsiniz. Çünkü sabırlı ve sabırsız bir arada barınamaz; tutarlılık böyle bir şeydir. "Ben sabırlı bir insanım," demek daha konforludur,

"Ben bazen sabırlı, bazen sabırsızım," demekten. İkincisinin hem daha gerçekçi hem daha işlevsel olmasına rağmen.

Hiç kendini değersiz veya başarısız bulan, kendinde bir hata olduğuna inanan bir arkadaşınızı yatıştırmayı denediniz mi? Bir duvardan geçmeye çalışmak gibidir.

"Nasıl başarısızsın, canım! Ya yaptığın onca şeye ne demeli?"

"Olsun... Onları herkes yapar."

"Ne demek kimse beni sevmiyor? Ben seviyorum seni. Annen seviyor, baban seviyor."

"Ama beni sevmesini istediklerim beni sevmiyor!"

Bazen arkadaşınızı ikna ettiğinize emin olursunuz ama birkaç gün sonra kendinizi yeniden aynı diyaloğun içinde bulursunuz. Söylediğiniz mantıklı şeyler kısa vadede işe yarasa bile, uzun vadede işe yaramaz çünkü arkadaşlarınız tutarlılığı korumak için birbirine tezat düşen sıfatları reddeder.

Tutarlılık pahasına bazı deneyimlerimize karşı duyarsız oluruz. "Ben kimsenin birlikte olmak isteyeceği biri değilim," düşüncesiyle bütünleşmişseniz, karşınıza size değer verip mutlu eden biri çıktığında tutarlılık ihtiyacınız sizi zor duruma sokabilir. Kavramsallaştırdığımız benlik algımıza ters düşen deneyimleri hafife almaya, küçük görmeye başlayabilirsiniz:

"Çok sürmez."

"Yalnız kalmamak için benimle olmayı seçiyor."

"Er ya da geç onu benden uzaklaştıracak bir şey yaparım zaten."

Çünkü zihninizdeki hikâyede karakterinizin atacağı bir sonraki en mantıklı adım, başına gelecek en mantıklı olasılıklar bunlardır. Zihniniz, kişisel hikâyenizi, *kavramsallaştırdığınız benliğinizi* korumak için hikâyenizin tutarlılığını bozan tecrübeleri elbet önemsizleştirecektir. Zihnimiz doğaçlama hareket eden oyuncuları sevmez. Yazdığımız senaryoyu takip eden, hikâyeye uygun hareket eden oyuncular ister.

Bazı etiketlerle öyle bir bütünleşmişizdir, hikâyeler hayatımıza öyle bir işlemiştir ki onları olduğu gibi göremeyiz. Deneyimlerimize açıklık ve merakla bakarsak, bazı durumlarda kendimizi rahatça ifade edemezken, bazı durumlarda çok daha rahat olduğumuzu görürüz. Evet, bazı insanların yanında daha utangaç, bazı insanların yanındaysa daha "kendimiz gibi" olabiliriz. Bazen düşüncesiz ve fevri hareket ederiz, bazense oldukça anlayışlı ve sabırlıyızdır. Bazen aynı gün içinde hem aptal olduğumuzu hem de zeki olduğumuzu düşünebiliriz. Amacım sizi yapıştırdığınız etiketlerin ne kadar doğru veya ne kadar yanlış olduğu konusunda ikna etmek değil. Söylemek istediğim, hiçbir etiketin, hiçbir sıfatın, hiçbir genellemenin bütün olarak kim olduğumuzu kapsayabilecek kadar zengin olmadığı.

Davranışsal anlamda sabit diye bir şey yoktur: Kimse hayatının her anında zeki, utangaç, sabırlı veya depresif değildir. Hepimizin içinde geniş bir davranış dizisi vardır.

Bu durumu belki de en iyi, Sezen Aksu bir şarkısında, "Bir bedende kaç kişiyiz?" diyerek anlatmıştır. Her birimiz oldukça kalabalığız. Yer, zaman, duygu ve koşullara göre çok farklı sıfatlar giyebilir, çok farklı davranışlar sergileyebiliriz. Hiçbirimizin tüm gerçekliğini kapsayan tek bir kelimeden bahsedemeyiz. Ne "aptal" ne "başarısız" ne "iyi bir arkadaş" ne "sabırlı" ne "utangaç" ne de "özgüvensiz". Tek bir şey değiliz çünkü biz, çok fazla şeyiz.

Bir bedende kim bilir kaç kişiyiz...

O yüzden hiçbir kimliği, hiçbir etiketi "ben" yapacak kadar sahiplenmemek gerekir.

Peki eğer bütünleştiğimiz etiketler biz değilsek, kimiz biz? Kendimizi etiketlerle tanımlayamıyorsak neyle tanımlayacağız?

Eğer Olduğumu Düşündüğüm Kişi Değilsem, Kimim Ben?

Düşüncelerimden çok daha büyük bir şey...

Bu keşif için kendinizi tarif etmek için kullandığınız etiketler listenize ihtiyacınız olacak.

Listeyi önünüze koyun ve yazdığınız kelimelere göz gezdirin. Sadece kelimelerin anlamına odaklanmayın, nasıl göründüklerine ve yazıldıklarına da bakın. Mürekkebin kâğıttaki duruşuna bakın. Kâğıdın arkasına geçen kara lekeler var mı? Kâğıdı hissedin. Elinizi üzerinde gezdirin. Kâğıdı koklayabilirsiniz de. Listeyi okudukça içinizde beliren duygulara odaklanın. Hangi duygu ve hisler içindesiniz?

Şimdi dikkatinizi nazikçe listenizden ayırın ve elinizde tuttuğunuz bu kitaba yönlendirin. Burada yazan kelimeleri gördüğünüzü ve onları anladığınızı fark edin. Okuduğunuzu fark ediyorsunuz değil mi?

Okuduğunun farkında olan kim?

Gözlerinizin ardında, içeride bir yerde, biri sizin göz hareketlerinizin, okuduklarınızın, okuduklarınızı anladığınızın farkında. Şu an hissetmekte olduğunuz duyguları ve bedensel duyumları, zihninizden geçen düşünceleri fark eden; fark ettiğinizi fark eden biri var.

Gözlerinizin ardında fark eden, gözlem yapan, içinizde yaşadıklarınıza şahitlik yapan biri var.

Düşünceleriniz var. Ayrıca bir de düşüncelerinizi fark eden biri var.

Duygularınız var, bir de duygularınızı fark eden biri var.

Peki kim bu kişi?

Tüm bu fark etme işini yapan kim?

Fark ettiğinizi fark eden kim?

Siz, hepsi sizsiniz.

Vereceğiniz cevap "Benim, fark eden kişi benim," olabilir.

Fakat hangi siz? Sizin hangi yanınız?

Hatta gelin başka bir keşfe çıkalım. Sizi, hayatınızın farklı zamanlarındaki bazı anıları, tecrübeleri hatırlamaya davet ediyorum.[11]

Geçen haftadan bir şeyi getirin aklınıza. Arkadaşınızla yediğiniz öğle yemeği, trafikte mahsur kaldığınız bir an veya evinizin eksiklerini almak için çıktığınız alışveriş olabilir. Şimdi, o an bulunduğunuz yere, yapmakta olduğunuz şeye dönün. Yemek nasıldı, trafikte mahsur kalmak kendinizi nasıl hissettirdi, alışveriş yaparken aklınızdan neler geçiyordu? Tüm bunları fark ettiğinizin farkına varın. Şu an olduğunuz kişinin, o sırada da aynı gözlerin, aynı bedenin ardında olduğunun farkına varın.

Şimdi yıllar önce olmuş bir olayı hatırlayın. Yeni bir okuldaki ilk gününüzü veya evlendiğiniz günü... Yeni bir şeye atılırken hissettiğiniz heyecanı veya tedirginliği hatırlayın. Sınıfta sırada oturan sizi hatırlayın. Şu an olduğunuz kişi bir zamanlar da oradaydı. O an orada olan siz ve bugün bu kitabı okuyan siz arasındaki devamlılığın farkına varabilir misiniz? Aynı gözler, aynı farkındalık.

Şimdi daha da uzak bir geçmişe gidelim. Şu anki dertlerinizin, kaygılarınızın, üzüntülerinizin olmadığı bir zamana. Yaşça çok daha küçük olduğunuz bir zamana. Küçük bir çocukken

11 The *Observer* egzersizinden uyarlanmıştır. S. C. Hayes, K. D. Strosahl, K. G. Wilson, *Acceptance and Commitment Therapy, The Process and Practice of Mindful Change, Second Edition,* The Guilford Press, 2011, s. 233.

nasıl düşüp dizinizi sıyırdığınızı ya da karanlıktan, yalnız kalmaktan ne kadar korktuğunuzu hatırlayın. Acı ve korkunun yanında orada olan sizi hatırlayın, her şeyin farkında olan sizi. Sıyrılan dizin acısını, karanlıkta hızla atan kalbi hatırlayın ve o an orada olan kişi ile şu an burada olan kişinin aynı kişi olduğunu fark edin. Bir anlamda o çocuk hâlâ burada. Bütün hayatınız boyunca buradaydınız. Kendinize izin vererek deneyiminize bakın ve sizin farkında olduğunuz şeyin farkında olan kişinin hem şu anda burada hem de o zamanlar orada olduğunu fark edin.

Tüm hayatınız boyunca siz, sizdiniz. Bedeniniz değişti, duygularınız değişti, rolleriniz değişti, inandıklarınız, düşünceleriniz, öncelikleriniz değişti fakat siz her zaman sizdiniz. Bedeninizin değişmesine rağmen siz olarak kaldıysanız, siz bedeniniz değilsiniz demektir. Bedeninizde oluşan değişimleri düşünün... Yaşınız değişti, kilonuz değişti, boyunuz değişti... Kendinizi bazen daha yorgun, bazense daha güçlü hissettiniz. Bu değişimleri fark eden sizi düşünün; yargılamadan, etiketlemeden sadece farkına varan kişiyi, tüm bu değişimlerin farkına varan kişiyi... Aynı şekilde hayatta edindiğiniz rollerin değişimine odaklanın. Bu hayata birinin çocuğu olarak başladınız, sonra bu süreç kardeş, eş, ebeveyn olmanızla devam etti belki de. Başka roller edinmiş de olabilirsiniz; çalışan, ekip arkadaşı ya da müdür gibi. Bu rollerin hiçbiri sizi tam anlamıyla tanımlayamaz çünkü rolünüz, *siz* değilsiniz. Siz, hep sizdiniz.

Duygularınız da değişti. Duygularınızın nasıl sürekli değiştiğini fark edin. Bazen sakin, bazen gerginsiniz. Bir an kızgın, diğer an neşelisiniz. Bir an heyecanlıyken diğer an duyarsızsınız. Bazen çok sevdiğiniz birinden bile nefret edebiliyorsunuz. Kayıplar yaşadınız belki, yas tuttunuz ardından fakat keskin acınız yerini uyuşuk, katlanılır bir acıya bıraktı. Duygularınızın yaşamınız boyunca nasıl değişiklik gösterdiğini fark edin. Çocukken sizi korkutan şeyler belki artık umurunuzda bile değil. Çocukken hiç umursamadığınız şeyler belki bugün sizi en çok kaygılandıran şeyler. Eskiden hoşunuza giden şeylerin artık sizi nasıl ilgilendirmediğini veya şimdi sevdiğiniz şeylerle eskiden ne kadar az ilgilendiğinizi fark edin. Duygularınıza dair sahip olabileceğimiz tek kesin bilgi değişken olduklarıdır; bir duygu gelip giderken bir diğeri onun yerini alır. Ancak duygularınız akıp giderken siz değişmiyorsunuz. Tüm duygularınıza rağmen siz, *siz* olarak kaldınız. Duygularınız hiçbir zaman sizi tanımlamadı. Onlar, olduğunuz kişinin tamamı değil.

Son olarak, düşüncelerinize bir göz atalım. Onlar da duygularınız gibi her an değişiyor. Yeni şeyler öğrendikçe ve çevrenizle ilgili farkındalığınız arttıkça, yeni deneyimler edindikçe inandıklarınız, görüşleriniz, düşünceleriniz değişiyor. Düşünceleriniz daha detaylı, karışık ve katmanlı hale geliyor.

Bir zamanlar bilmediğiniz şeyler bugün hakkında çok şey bildiğiniz şeylere dönüşmüş olabilir. Bazen bir şey hakkında düşündüklerinizin kısa bir süre sonra aksini düşünmeye başlayabilirsiniz... Kendinize dair düşüncelerinizi fark edin.

Bazen kendinizle gurur duyar, başarılı olduğunuzu düşünür, bazense kendinizi acımasızca eleştirir ve hiçbir baltaya sap olamadığınızı düşünürsünüz. Utangaç olduğunuzu veya dışa dönük olduğunuzu düşünüyor olabilirsiniz. Sabırlı olduğunuzu veya fevri olduğunuzu düşünüyor olabilirsiniz. Düşünceleriniz hareketli olsa ve daima değişse de, ne düşündüğünü fark eden siz değişmezsiniz. Sizin utangaç veya dışa dönük, sabırlı veya düşüncesiz olduğunuza dair düşüncelerinizin farkında olan bir ben vardır. Tüm etiketlerini fark eden bir ben vardır. Bugün düşünceleri olan siz, geçen hafta düşünceleri olan siz ve çocukken düşünceleri olan siz aynısınız. Düşünceleriniz var ama siz, düşünceleriniz değilsiniz. Düşünceleriniz her gün, her saat değişse bile, siz, siz olarak kalıyorsunuz. Siz her zaman *sizsiniz*.

Bedeniniz, duygularınız, düşünceleriniz değişirken değişmeyen bir şey var: tüm bunların meydana geldiği yer. O, sizsiniz. Yaşamınızdaki sabit *sizsiniz*. Siz hayatınıza tutarlılık katıyorsunuz. Her şey boyunca, her an, siz hep sizdiniz ve siz olarak kalacaksınız. Yıllar önce de siz, sizdiniz; şimdi de sizsiniz. Yıllar boyu yine siz olarak kalacaksınız. Bedeniniz yaşlanacak, düşünceleriniz değişecek fakat fark ettiğinizi fark eden, *gözlemleyen siz* değişemez, değişmeyecek. Siz değişmeyensiniz, siz sabitsiniz.

Gözlemleyen Ben

Benliğimizi kavramsallaştırmamızda, kendimizle ilgili içerik oluşturmamızda bize yardımcı olan sosyal öğrenme süreci, başka bir benlik algısı oluşturmamıza da yardımcı olur.

"Kim daha hızlı koşacak? Sen mi ben mi?"

"Sen mi daha uzunsun, kardeşin mi?"

"Benim adım Zeynep, senin adın ne?"

Bu gibi sorularla bir *ben* öğreniriz, başkalarından ayrı olan bir *ben*.

Bir ben vardır, bir de sen.

Bir ben vardır, bir de onlar.

"Aaa ne varmış bakalım burada?"

"Orası buradan daha soğuk, oraya gittiğimizde kalın giyinelim."

"Geçen yaz neredeydik, hatırladın mı?"

Bu gibi sorularla da **burada**yı *orada*dan ayırt etmeyi öğreniriz.

"Ne yapıyorsun şimdi?"

"Yarın ne yapalım babaanneye gidince?"

"Dün neler öğrendin okulda?"

Bu gibi sorularla öğreniriz **şimdi**yi dünden, yarından, kısacası şimdi olmayan başka zamanlardan ayırt etmeyi.

Bunlar ve benzeri sorular sıklıkla sorulur çocuklara, tekrar tekrar. Verilen cevaplarda değişmeyen bir sabit vardır, o da bizim bakış açımızdır: **BEN/BURADA/ŞİMDİ**.

Biz tüm bu sorulara **BEN/BURADA/ŞİMDİ** bakış açısından cevap veririz. L. J. Hayes'in dediği gibi, "*Biz insanlar, hep psikolojik bir şimdide yaşarız.*"[12] Eski günleri yad ederken de gelecek hakkında hayaller kurarken de endişelenirken de hatta kendimizi bir başkasının yerine koyduğumuz, empati yaptığımız zamanlarda da bunu hep **BEN/BURADA/ŞİMDİ** bakış açısından yaparız. Nereye gidersek gidelim **BEN/BURADA/ŞİMDİ** bakış açısı hep bizimledir. Hem sabit hem süreklidir.

BEN/BURADA/ŞİMDİ perspektifinden tüm hayatımız boyunca gözlem yapan ve fark eden bir ben vardır. Gözlemleyen, yaşadıklarımıza, düşündüklerimize, hissettiklerimize şahit olan bir ben vardır. *Gözlemleyen ben*, hayatı deneyimlediğimiz bakış açımızdır. Hayatımız, duygularımız, düşüncelerimiz değişir fakat hayata karşı bakış açımız sabit kalır.

12 Hayes, "The Psychological Present", *Behavior Analyst*, 1992, 15, 139-145.

İçinizdeki bu *gözlemleyen ben* hakkında size şunu sormak istiyorum:

"Eğer gözlemleyen ben, en özel deneyimlerimiz olan duygu ve düşüncelerimizi (kendimiz hakkındakiler dahil) fark ediyorsa, *gözlemleyen ben*, duygu, düşünce ve etiketlerinizle aynı şey olabilir mi?"

Bir film kendi kendini izleyebilir mi?

Gözlemleyen ben, duygu ve düşüncelerinizden farklı olmakla kalmaz, onlardan çok daha *büyüktür*. O kadar büyüktür ki *gözlemleyen ben*, her bir deneyimi, onlardan etkilenmeden, içinde barındırabilir. Çünkü o, bir "şey" değil, bir perspektiftir.

Gözlemleyen ben, altındaki fırtınalardan ya da kuraklıktan etkilenmeyen, uçsuz bucaksız, saf gökyüzü gibidir.[13] Gökyüzü bazen günlük güneşlik, bazense bulutlarla kaplıdır. Gökyüzü, bulutlara rağmen oradadır. Hava ne kadar hiddetli olursa olsun, yağmur ne kadar şiddetli yağarsa yağsın, deyimin aksine gök asla delinmez.

Gözlemleyen ben, gökyüzü; düşünce ve duygularımız ise havadaki değişimlerdir. Gözlemleyen ben, düşünce ve duygularımızın gerçekleştiği alan; düşünce ve duyguların ortaya serildiği bağlamdır. Siz de hep orada, düşüncelerin, duyguların

13 Zindel V. Segal, J. Mark G. Williams, John D. Teasdale, *Mindfulness-Based Cognitive Therapy for Depression, Second Edition,* The Guilford Press, 2012.

ardında, onlara bağlı, onların farkında ama onlar tarafından tanımlanmadan durursunuz.

Shakespeare, "Bütün dünya bir sahnedir," der. Bütün dünya bir sahneyse eğer, içimizdeki tüm özellikler, yüklendiğimiz tüm roller, kimlikler de oyuncularıdır bu sahnenin. Sahnedeki oyuncular da sahnelenen oyun da anbean değişse de bazılarının rolü diğerlerinden daha uzun sürse de değişmeyen, sabit kalan bir şey vardır. Her şey değişirken, sahnede olup bitenleri izleyen aynıdır. Olup bitenleri fark eden aynıdır.

Nasıl tutarlılık arayan yaratıklar olduğumuzu ve bu tutarlılığı korumaya verdiğimiz önemi konuşmuştuk. *Gözlemleyen ben*, bize farklı bir tutarlılık sunar: İçerikte değil bağlamda bulduğumuz tutarlılıktır bu. *Gözlemleyen ben*'in sağladığı bir süreklilik, bir devamlılık vardır. Tüm düşüncelerimiz, duygularımız, rollerimiz hatta bedenlerimiz değişse bile gözlemleyen ben değişmez.

Gözlemleyen ben, sessizce hayat sahnemizde olanları gözlemler. Her şeyi fark eder fakat yargılamaz, değerlendirmez, eleştirmez. Olup bitenlerden sahnedekiler kadar etkilenmez. *Gözlemleyen ben* bir bakış açısıdır ve bu bakış açısından baktığımızda yalnızca izler, gözlemler, şahitlik ederiz.

Kendini depresif olarak tanımlayan, bu nedenle hayattan keyif alamadığına inanan biri de olsanız; kendini utangaç veya özgüvensiz olarak tanımlayan, bu yüzden mümkün mertebe sosyal ortamlardan kaçınan biri de olsanız, "iyi bir dost", "sabırlı bir insan", "fedakâr bir anne", "mükemmeliyetçi biri" etiketleriyle fazla iç içe geçmiş, rollerinize fazla kapılmış da olsanız, seyirci koltuğuna geçip, *gözlemleyen ben* perspektifini aldığınız zaman etiketlerinize, hikâyenize, "karakterinize", rollerinize uymayan davranışlarda bulunabilirsiniz.

Üzerinize yapıştırdığınız etiketiniz ne olursa olsun, hikâyeniz ne kadar zamandır sizinle olursa olsun, *gözlemleyen ben* konumunda durmak, bize geniş psikolojik esnekliğin ve davranış seçeneklerinin kapısını açar. Bu noktadan baktığımızda etiketlerimizden ayrışabiliriz. *Gözlemleyen ben* ile etiketlerimiz arasındaki en ufak mesafe bile bize sayısız olasılık sunar.

Şimdi kendimden yola çıkarak iki farklı ifade kullanacağım. Her ikisini de kendinize biraz zaman tanıyarak, özümseyerek okuyun.

"Ben aptalım."

"Fark ediyorum ki, 'Ben aptalım' düşüncesine sahibim."

Bu iki ifade arasında bir fark var mı sizce?

Hatta dilerseniz kendinizden yola çıkarak bakın bu iki farklı ifadeye. Kendinizi tarif etmek için kullandığınız kelimeleri yazdığınız listeyi son bir defa daha alın elinize. Sizi tam anlamıyla ifade ettiğine inandığınız, davranışlarınızı, tercihlerinizi kısıtlayan, hareket alanınızı daraltan, "olumsuz" etiketi seçin tekrar listenizin içinden. Belki de "Özgüvensiz" yazdınız kendinizle ilgili. Belki de "Ben bencil bir insanım," dediniz veya "Başarısız" kelimesini kullandınız kendinizi tarif etmek için.

Kendinizle ilgili boşluğu doldurun:

Ben .... (bir insanım).

İzin verin kendinize biraz bu cümleyle kalmak için. Kendinizi nasıl hissettirdiğini fark edin. Sizde uyandırdığı diğer düşünceleri, bedeninizde meydana gelen değişiklikleri fark edin. Bu cümlenin hayatınız üzerindeki etkisini düşünün.

Şimdi aynı etiketi kullanarak, farklı bir cümledeki boşluğu doldurun.

Fark ediyorum ki, "Ben .... (bir insanım)" düşüncesine sahibim.

Bu cümlede de biraz duraklayın. Sizde uyandırdıklarını, size hissettirdiklerini fark edin.

İki ifade arasında bir fark olup olmadığını araştırın.

Hangi ifade daha rahatsız edici?

Hangi ifade daha hükmedici? Hangi ifade daha kısıtlayıcı?

Hangi ifade daha özgürleştirici?

Eğer *gözlemleyen ben*'in bir dili olsaydı, ikinci ifadeyi kullanırdı.

Gözlemleyen ben perspektifini almak, sahneden inip seyirci koltuğuna oturmaya benzer. Oyuncu olmaktan çıkıp, oyunu izlemeye benzer. Seyirci koltuğuna oturduğumuz zaman kendimizle ilgili bütünleştiğimiz düşüncelerimizle –yani etiketlerimizle– aramıza bir mesafe koyarız. Düşüncelerimiz yok olmayacaktır; hâlâ orada, sahnede kalacaklardır ancak araya mesafe koyabilmek bizi onların esaretinden kurtarır ve böylece birçok olasılığın kapıları açılır.

Mesafe Koymanın Özgürlüğü

İngiltere'deki seminerden kazandığım armağan buydu. Bana olasılıklar zinciri sunmuştu, bir tür özgürlük alanı sağlamıştı. Benim için bu hediye, kendimle etiketim olan "*Aptalım*" arasına biraz daha mesafe koymak oldu.

Göğsümüzde sarı not kâğıtlarıyla dolaşmayı bitirdiğimizde odaya dopdolu, mutlak bir sessizlik hâkim olmuştu. Bazıları sessizce ağlıyordu. Gözlerim odadaki diğer şaşkın bakışlarla karşılaşıyordu. Kimse kaçmıyordu, kimse kaçınmıyordu. Hepimiz o andaydık. Aramızdaki boşluğu bir şefkat duygusu dolduruyordu.

O seminerde tecrübe ettiğimiz şey, bir zamanlar gizli tuttuğumuz etiketlerimizle aramıza mesafe koymaktı, onlardan ayrışmaktı. Etiketlerimiz olduğu yerde duruyordu elbet, ancak biz artık onları olduğu gibi görmeye başlamıştık. Artık üzerine yazılı oldukları sarı not kâğıtları kadar güçsüzdüler. Etiketlerimizi bedenimize yapıştırdığımız yerlerden söküp onlara belirli bir mesafeden bakmıştık.

Biz insanlar düşüncelere sahiptik. Düşünceler bize sahip değildi.

Biz sadece düşüncelerin oluştuğu yerdik.

Aynısı bize verilen etiketler veya yazdığımız hikâyeler için de geçerli.

Etiketlerimiz var fakat biz etiketlerimiz değiliz.

Biz etiketlenmenin gerçekleştiği yeriz.

Şimdi bu farkındalığa sahipsiniz, artık neleri yapmanız mümkün olur dersiniz?

BÖLÜM III

DÜNYANIN EN ESKİ HİKÂYE ANLATICISI

Gittiğim ilk futbol maçı bir arkadaşımın zoruylaydı. Fazladan bir bileti vardı. Anlaşılan, pek heyecan verici bir karşılaşma değildi ki fazla bilete talip çıkmamıştı. Arkadaşım beni günün şanslısı olarak seçmişti. "Peki, eğer yalnız gitmeyi hiç istemiyorsan gelirim," dememle birlikte, kendimi üzerimde bir forma, başımda bir bandana ile statta buldum. Stat doldu. Oyuncular ısınmalarını tamamladı. Düdük çaldı ve maç başladı. Fakat bir tuhaflık vardı. Etrafıma baktığımda bir sürü taraftarın yüzleri kızarana, boğazlarından damarları çıka çıka tezahürat ettiğini gözlerimle görüyor olmama rağmen tuhaf bir sessizlik vardı.

Yaman'a döndüm. "Eee hadi nerede kaldı adam?" dedim.

"Ne adamı ya?" dedi, hakikaten de anlamadığı suratından belliydi.

"Maçı anlatan adam yok mu?" dedim, "Hani 'Ahmet ilerledi, pası Mehmet'e verdi, şut ve goool!' diyen adam yok mu?"

Yaman'ın, "Zeynep, sen kafayı mı yedin! Statta ne arasın o adam?!" demesiyle kendimi epey aptal hissettiğimi ve bir süre utancımdan yerde bir noktaya odaklanıp kimseyle göz göze gelmemek için büyük bir çaba sarf ettiğimi hatırlıyorum. Daha önce izlediğim spor maçlarının hepsi televizyondaydı. Dolayısıyla da hep bir sunucu eşliğindeydi; sürekli konuşan bir sunucu: Kimin ayağına top geldi, kim kime pas verdi, kim attı da gol oldu ya da top dışarı çıktı diye maçı anlatan bir sunucu. Gözlerimle gördüklerimi kelimelere döküyordu bu sunucu. Bazen gördüklerim hakikaten de söyledikleriyle birdi. Hakikaten de Ahmet, Mehmet'e pas veriyordu; gözlerimle görüyordum. Fakat bazen söyledikleri gördüklerimle örtüşmüyordu. Ayağına top gelen bazı oyuncuların adlarını söylemediği oluyordu mesela. Sahanın diğer tarafında neler olduğundan bahsetmiyordu. Oyun devam ederken sık sık, yapılan hamleleri önemsiz bulduğundan olsa gerek, yanındaki arkadaşıyla geçmiş maçlardan, durum böyle giderse falanca takımın puan kaybedeceğinden, hatta o gün havanın nasıl olduğundan bile bahsettiği oluyordu. Sunucu, ne kadar detaylı aktarırsa aktarsın, elbette hiçbir zaman gerçekte olanları birebir aktarmıyordu. Aktaramazdı da zaten, hangi birini anlatacaktı? Fakat aktardıkları zaman zaman benim gözümle gördüğüm şeyden farklı olsa da, sunucu o kadar baskındı ve o kadar çok konuşuyordu ki, kendimi ister istemez maçı onun gözünden, onun yorumuyla izlerken buluyordum. Ve o gün de, herhalde bu yüzden, o kadar insanın bağırması içinde sunucunun eksikliğini çekiyordum.

Sunucunun eksikliğini hissetmem aslında oldukça normal, çünkü hayata da sürekli bir sunucu eşliğinde bakmaya alışkınım.

Hangimiz değiliz ki?

Hepimize her an eşlik eden bir sunucu, bir yorumcu, bir hikâye anlatıcısı yok mu?

Ne duyduğumuzu, ne gördüğümüzü, ne hissettiğimizi bize özetleyip, içine bir sürü yorum katıp söyleyen, geçmişi hatırlatıp gelecek hakkında düşündürten bir hikâye anlatıcısı...

Hepimizin **kafasının içinde** her daim hikâyeler anlatan bir ses yok mu?

İnsan Zihni

Zihnimiz dünyanın en eski hikâye anlatıcısıdır ve her hikâye anlatıcısı gibi onun da tek istediği can kulağıyla onu dinlememizdir. Dikkatimizi çekmek için bize acı verecek veya bizi korkutabilecek şeyler söylemekten çekinmez. Dünyanın nasıl göründüğüne, ne yapmak istediğimize, kendimizi nasıl hissetmemiz gerektiğine, geçmişte olanların üzerimizdeki etkilerine, gelecekte başımıza gelebileceklere, neyin doğru, yanlış veya daha adil olduğuna dair hikâyeler anlatıp durur. Oldukça yaratıcıdır da aynı zamanda. Hiç görmediğimiz, henüz deneyimlemediğimiz, gerçek olup olmadığını bilmediğimiz şeyler hakkında bile söyleyecek bir şeyleri, anlatacak hikâyeleri vardır.

Zihnimiz dünyanın en eski hikâye anlatıcısıdır, ayrıca sanırım en gevezesidir.

Mutlaka anlatacak bir şeyleri vardır. İnsan zihni üzerine yapılan araştırmalar zihnimizden bir gün içinde ortalama 70.000 düşüncenin geçtiğini söylüyor. "Beyninizin yaklaşık büyüklüğü iki yumruğunuzun birleşimi," derler. 70.000 düşünceden sorumlu organ şu kadarcık işte! İki yumruğumuzun birleşimi kadarcık.

Biz modern insanlar, düşüncelerimizi fark edebilme becerisine sahibiz. Buna psikolojide **meta-biliş** deniyor. Çoğumuza ne idüğü belirsiz gibi gelebilecek bu terim, kişinin kendi düşünce sürecinin farkında olabilmesi, düşünmesi hakkında düşünebilmesi anlamına gelir.

Biz modern insanlar, bu beceriye sahibiz. Düşüncelerimizi fark edebilir, onlara bir adım geriden bakabilir ve onları oldukları gibi, yalnızca bir dolu kelime, görüntü veya seslerden oluşan oluşumlar olarak görebiliriz.

Psikolog Julian Jaynes'e göre, düşünme hakkında düşünebilme yeteneğimiz insan tarihi için oldukça yeni bir kavram.[14] Yani birkaç binyıl öncesinde yaşayan insanlar zihinlerinin ürettiği düşüncelerin, bizler kadar farkında değillerdi. Jaynes'e göre, MÖ 1000 yılı öncesinde yaşayan insanlar, bizlerin bugün sahip olduğu farkındalığa sahip değillerdi. Aslında şöyle demek sanırım daha doğru olur: O insanların da kafalarının içinde bizimki gibi sürekli bir şeyler söyleyen bir hikâye anlatıcısı vardı, fakat o insanlar bu sesleri liderlerinin veya bir tanrının sesi zannediyorlardı. O yüzden de bu seslere ne pahasına olursa olsun itaat etmeleri gerektiğine inanıyorlardı. Bu seslerin, bu kelimelerin, bu görüntülerin kendi zihinlerinin üretimi olduğunun farkında değillerdi.

Eski insanların duyduğu o sesi bizler de duyuyoruz. Hikâye anlatıcısı o günden bu güne hikâyeler anlatmaya devam ediyor. Farklı olan, artık o sesin bir lidere veya bir tanrıya ait olmadığının farkında olmamız. Artık biliyoruz ki o ses bizim zihnimize ait; düşüncelerimize, anılarımıza, yargılarımıza, değerlendirmelerimize, kurallarımıza, duygularımıza, bedenimize ait. Bu nedenle de artık o sesin söylediği şeylere gözü kapalı güvenmemize, o sese ne pahasına olursa olsun itaat etmemize gerek yok. Artık zihnimizin anlattıklarını değerlendirip, bize söylediklerini

14 Julian Jaynes, The Origin of Consciousness in the Breakdown of the Bicameral Mind, Boston, Houghton Mifflin, 1976.

bir süzgeçten geçirip, tavsiyelerine uyup uymayacağımıza dair karara varabilme becerisine sahibiz. Tüm bunlara rağmen, hâlâ çoğu zaman sanki biz düşüncelere sahipmişiz gibi değil de, onlar bize sahiplermiş gibi yaşıyoruz. Hâlâ çoğu zaman bu seslerin kontrolünde, zihnimizin içinde yaşıyoruz hayatı.

Yaşamanın Hakkını Vermek

Bugün, sonunda güneş açmıştı. Son günlerin gri havasının ardından yüzünü görmek iyi gelmişti. Pazar günü olmasına, yarıyıl tatilinde olmama rağmen çalışıyordum. Bir dersim için vaka formülasyonu hazırlıyordum. Mesaim bu aralar hiç bitmiyordu ki zaten... Güneş, oturduğum yerden yüzümü ısıtmaya başlayınca bilgisayarı bir kenara koydum. Yanı başımda oynayan, kuzenimin bir günlüğüne bana emanet ettiği beş yaşındaki oğlu Oğuz'a döndüm ve parka gitmek isteyip istemediğini sordum.

Elbette gitmek istiyordu. Sevdiği oyuncaklarını sırt çantama koydum ve dışarı çıktık. El ele yürürken bir yandan sunumum ile ilgili aklıma takılan soruları kafamda çözmeye çalışıyordum.

Parka vardığımızda Oğuz'u oyuncaklarıyla birlikte oynamaya bıraktım. Bir süre sonra başka çocuklar da ona katıldı. Güvende olduğunu ve mutlulukla oynadığını görünce zihnim tekrar sunumumdaki eksiklikleri düşünmeye koyuldu. İstediğim gibi akıcı değildi. Bir şeyler eksikti... Dolduramadığım bu boşluk beni geriyordu. Oğuz görüş mesafemde olacak şekilde bir banka oturdum, not defterimi çıkardım ve birkaç fikir karalamaya başladım. Ara ara kafamı kaldırıp Oğuz'un keyfi yerinde mi diye kontrol ettim. Aklımdan geçenleri hemen yazmalıydım yoksa unutabilirdim. Zaten bir süredir işlerimi ne kadar yarım yamalak yaptığıma dair, diğer herkesin benden daha iyi işler çıkardığına dair düşünceler zihnimi meşgul ediyor, canımı hayli sıkıyordu.

Bir süre sonra zihnimin uğultusuna yenik düştüm. Oğuz'un yanına gittim. Ona eve dönme vaktimizin geldiğini söyledim. İşlerimi bitirmem lazımdı. Yoksa rahat edemeyeceğimi söylüyordu içimden bir ses. Beraber oyuncaklarını toplayıp çantama koyduk ve el ele tutuşup eve doğru yola koyulduk. Hâlâ işi düşünüyordum, bu yüzden Oğuz'un diğer elinde ne tuttuğunu fark ettiğimde neredeyse eve varmıştık.

Elinde küçük bir demet papatya vardı. Onları, parkı çevreleyen çitlerin dibinden topladığını söyledi. Onu parka götürdüğüm için bana hediyesiymiş. O anda, o sabah başka neleri fark etmedim diye düşündüm... Silkelendim.

Kötü bir sabah geçirmemiştim. Yapmam gereken işlerim vardı elbet ve işimin belli bir kısmını yapmıştım. Daha önümde bitirmem için hayli de zaman vardı. Ama o papatyaları görmek, o sabahın daha farklı olabileceğini fark ettirdi bana. Çitlerin dibinde açan papatyaları fark etmek acaba nasıl olurdu? Orada oturup, yalnızca gün ışığının tadını çıkarsaydım nasıl olurdu? Oğuz'un keyif içinde oynayışını, çiçek toplayışını seyretmek için kendime izin verseydim nasıl olurdu? Parkta geçirdiğim zamanın hakkını vermek nasıl olurdu? Acaba başka neleri böyle kaçırmıştım o sabah? Hayatımın başka hangi anlarını zihnimin içinde yaşamaktan ıskalamıştım?

Bu satırlara eski defterlerimi karıştırırken şans eseri rastladım. Yazının tarihi *mindfulness* kelimesiyle ilk defa tanıştığım yıllara tekabül ediyor. Batı psikolojisi tarafından yeni yeni tanınmaya başlaması, size *mindfulness*'ın yeni bir kavram olduğunu düşündürmesin. *Mindfulness*, Budizm, İslam, Taoizm, Hinduizm, Musevilik ve Hristiyanlık da dahil olmak üzere çok sayıda farklı dini inanış tarafından binlerce yıldır ele alınmış. Öğretmenim olarak hayatıma girip ardından çok iyi dostum olan, Türkiye'deki ilk "Mindfulness Temelli Stres Azaltma"[15] eğitmeni Doç. Dr. Zümra Atalay, *mindfulness*'ı dilimize bilinçli farkındalık olarak çeviriyor. Bu yazı boyunca ben de *mindfulness*'tan söz ederken bilinçli farkındalık terimini kullanacağım.

Bilinçli farkındalığın çağdaş dünyada tanınmasında çok önemli rol oynayan bilim insanı, yazar ve meditasyon eğitmeni Jon Kabat-Zinn, kavramı şu şekilde açıklıyor: "*Mindfulness*,

15 Mindfulness Temelli Stres Azaltma (Mindfulness Based Stress Reduction) programı, 1979 yılında John Kabat-Zinn tarafından geliştirilmiştir.

özel bir şekilde dikkat vermektir: maksatlı olarak, şimdiki zamanda ve yargısızca."[16] Bilinçli farkındalık esasen bir beceri. İçinde bulunduğunuz anda yaşananların, deneyimlediklerimizin tam anlamıyla farkında olma; yaşamı düşüncelerimiz aracılığıyla değil, duyularımız aracılığıyla deneyimleme becerisi.

İlk zamanlar bilinçli farkındalık kelimesi zihnimde, yerde bağdaş kurmuş, gözleri kapalı, yüzünden mutluluk ve bedeninden rahatlık akarak meditasyon yapan bir bilgenin resmini canlandırırdı. Amacının, zihni düşüncelerden, özellikle de "olumsuz" düşüncelerden arındırarak müthiş bir rahatlama getirmek olduğunu; huzura ve sükûnete giden bir yol olduğunu düşünürdüm. Daha doğrusu, bilinçli farkındalık pratiklerinin benim üzerimde yaratmasını istediğim etki buydu. Zira son zamanlarda kendimi sık sık düşünmekten yorulmuş bir halde buluyordum. Kafamın içinde, Yurttan Sesler Korosu varmış gibiydi. Tek dileğim biraz sessizlik, biraz dinginlikti. Hemen araştırmalara başladım ve yaşadığım yere yakın mesafede olan bir bilinçli farkındalık kursuna yazıldım.

Konuya pek hâkim olmayan 20 kişilik bir gruptuk. Bir de eğitmenimiz vardı. İlk kursumdaki ilk formel bilinçli farkındalık pratiğim, bilinçli farkındalıklı nefes çalışmasıydı.

Pratiğin yönergeleri aslında oldukça basitti. Rahat ve desteklenecek bir pozisyona geçtik. Gözlerimizi kendimizi nasıl

16 J. Kabat-Zinn, *Wherever You Go, There You Are: Mindfulness Meditation in Everyday Life*, Hyperion, 1994.

rahat hissedeceksek, kısmen veya tamamen kapattık. Önce, farkındalığımızı bedenimize yönlendirdik. Bedenimizi baştan aşağıya taradık, bedenimizin bizi burada ve bu anda hangi hislerle karşıladığını fark etmek için kendimize izin verdik. Sonrasında ise farkındalığımızı bedenimizin bütününden alarak, nazikçe nefesimize yönlendirirdik. Nefes almanın ve nefes vermenin bedenimizde yarattığı farklı duyumları hissettik. Ve farkındalığımızı nefesimizin, nefesimizi bedenimizde en kolay hissettiğimiz yerde tutmaya niyet ettik. Farkındalığımız nefesimizden başka bir yere kaydığında da onu nazikçe yeniden nefesimize yönlendirecektik.

Birçok eski gelenek, bu ana dönmek için nefesi kullanır. Ne de olsa nefes yaşamın ayrılmaz bir parçasıdır. En eski, en kadim dostumuz olan nefesi almak ve vermek çok tanıdık bir aktivitedir. Öyle tanıdıktır ki nefesimizi gün içinde çok nadir fark ederiz... Hatta daha çok aldığımızda değil alamadığımızda, misal, hastalanıp burnumuz tıkalı olduğunda fark ederiz. Nefes, tanıdık olduğu kadar otomatiktir de. Bilinçli farkındalıklı nefes pratiği boyunca nefesimize bir müdahalede bulunmamıza gerek yoktu. Nasıl nefes alıyorsak öyle almak için kendimize izin vermemiz teşvik edilmişti. Bir nevi kendimizi nefesimize teslim ediyorduk. Fazladan yapmamız gereken hiçbir şey yoktu çünkü zaten bedenimiz hayatta olduğumuz müddetçe bizim için nefes alacak ve bizim için nefes verecekti.

Dedim ya yönergeler çok basitti aslında. Lakin alıştırmanın kendisi hiç kolay değildi.

Ne büyük bir işkence ve mücadeleydi benim için o ilk pratik! Her defasında düşüncelerim beni oradan oraya çekiştirdi. Bazen geleceğe, yapmam gerekenlere; bazense geçmişe, yapmamış olduklarıma veya yapmış olmayı dilediklerime itti. Zihnim maşallah odaklanmak konusunda çok becerikliydi, nefesim dışında her şeye çabucak odaklanabiliyordu. Sık sık da meditasyon konusunda ne kadar beceriksiz olduğuma! Zihnimin içindeki endişeli eleştirel ses alıştırmayı "doğru" yapmadığımı, kendimi yeterince "veremediğimi," düşüncelere çok dağıldığımı, asla iyi bir şekilde meditasyon yapamayacağımı söyleyip durdu. Çok öfkelendiğimi hatırlıyorum. En çok da ısrarla oradan oraya, bir düşünceden diğerine geçen zihnime ve zihnimi kontrol edemeyen kendime.

Uzunca bir süre kendimi, yalnızca üyelerin girebildiği, egzotik bir dünyayı uzaktan izler gibi hissettim. Bu egzotik âlemin üyeleri yüzlerinde huzurlu bir gülümsemeyle oturmaktaydı. Bense umarsızca mücadele ediyordum.

Neyse ki eğitmenimiz bana karşı benim kendime karşı olduğumdan daha şefkatliydi: Düşüncelerimle nasıl boğuştuğumu anlattığımda bana, "Mesele farkındalığını nefesine odaklamak ve orada tutabilmekten ziyade farkındalığının nefesinden uzaklaştığını fark ettiğin her sefer onu nazikçe tekrar nefesine yöneltmek," demişti.

O tadımlık bilinçli farkındalık kursundan sonra araştıra araştıra, okuya okuya, en önemlisi de yapa yapa (tekrar tekrar) öğrendim: Bilinçli farkındalığın amacı zihni boşaltmak değilmiş. Hoş, zaten böyle bir şey mümkün de değilmiş! Meğer insan zihninin tabiatında varmış uçuşmak, dağılmak, oradan oraya atlamak. Bu yüzden *maymun zihin* diye bahsedilirmiş birçok kaynakta. Üstüne üstlük dağıldığı için kendini yargılamak da çok sık görülürmüş, bilhassa da meditasyona yeni başlayanlar arasında. Kendimi yargılamam da insani bir eğilimmiş. İnsan olmak böyle bir şeymiş!

Bilinçli farkındalık, kişisel gelişimden ziyade kişisel kabulmüş aslında. Amaç, olduğumuzdan farklı bir insana –daha mutlu, daha huzurlu, daha sakin mesela– dönüşmek değilmiş. Tüm bunlardan daha basit, daha mütevazı bir şeymiş. Olan şeyi başka bir şeye dönüştürmektense, olduğu haline merakla, açıklıkla yaklaşmaya niyetlenmek demekmiş. Bu şey geveze ve karamsar bir zihnin ürettiği hikâyeler olsa bile... Burada ve şu anda gerçekleşmekte olan her ne ise –hoşa giden ve(ya) gitmeyen– ona yer açmak, deneyimin ilerleyişini anbean izleyebilme becerisiymiş.

2011 senesinden beri hayatımda bilinçli farkındalık. Pratiklerim zaman zaman çok güzel, zaman zaman korkunç derecede sıkıcı geçiyor. Zannetmeyin ki *güç bende artık*! Zannetmeyin ki artık zihnimi zapt edebiliyorum. Hâlâ delidolu. Hâlâ uçuşuyor oradan oraya. Ve bir yanım bunun normal olduğunu biliyor. Biliyorum "meditasyonu doğru yapmak" diye bir şey olmadığını. Ama bir yanımın da hâlâ bir beklentisi var, zihnimin daha sabit olmasını istiyor. Hâlâ, bilhassa zihnimin çok uçuştuğu zamanlarda, kendini sanki yanlış yapıyormuş gibi hisseden bir yanım var.

En son Kuzey Galler'de katıldığım beş günlük sessizlik inzivası bitiminde o diğer yanımın kaygısını paylaştığım meditasyon öğretmenim Judith Soulsby, "Ben kırk senedir yapıyorum, hâlâ uçuşuyor" dedi gülümseyerek.

"Hiçbir değişiklik yok yani?" dedim şakacı bir tavırla ama aslında gerçekten merak ederek ve soruma cevap vermesini ümit ederek.

"Var tabii. Artık zihnimin başka bir yere gittiğini fark ettiğimde, onu daha nazikçe geri getiriyorum. Tıpkı yavru bir köpeği gelmesini istediğim yere yönlendirir gibi. Tasmasını artık daha şefkatle tutuyorum," dedi.

Küçük bir köpeğim olduğundan herhalde çok güzel bir iniş yaptı bu benzetme içime. Rahatlıkla oturdu. Bu benzetme, pratikler esnasında deneyimlerime yalnızca farkındalığımı değil, sevgi dolu, şefkat dolu farkındalığımı vermeye niyet etmemin yolunu açtı. Sonuçta, farkındalığımın alıştırmadan uzaklaştığını fark ettiğim an da bir bilinçli farkındalık anı. Yeniden ana döndüğümün bir işareti.

Ezbere Yaşamak mı, Acemi Olmak mı?

"Belki de asıl ustalık budur,
her zaman acemi olmayı bilmek."
Turgut Uyar

Bundan birkaç sene evvel, Bodrum'da akşam saatlerinde bir arkadaşımla küçük bir restorandayız. Yemeğin sonunda garson yüzünde bir gülümsemeyle gelip, "Tatlı spesiyalini duymak ister misiniz?" diye sordu.

"Bugünkü spesiyalimizin içinde çok özel bir malzeme var."

Arkadaşım, "İlla bozduracaksınız bana diyetimi yani," dedi, alaycı bir tavırla.

Gülüştük.

"Ne kadar özel bir malzeme? İlaveden şeker gibi mi mesela?" diye sordum arkadaşımın başlattığı samimiyet ve sıcaklığı devralarak.

"Hayır," dedi garsonumuz, sohbetimizden keyif aldığı yüzüne yerleşen tebessümden belliydi. "Daha değişik bir malzeme. Ve eğer bu özel malzemenin ne olduğunu doğru tahmin ederseniz bu akşamki yemek bizden!"

Tatlıyla aram yoktur ama bu tahmin etme oyunu heyecan vericiydi! Yalnızca özel bir tatlı denemiş olmakla kalmayacak, üstüne bir oyunu ve akşam yemeğini kazanma şansı yakalayacaktık.

Arkadaşıma baktım. Onay vererek kafasını salladı.

"Hadi getirin öyleyse!" dedim.

10 dakika sonra tatlılarımız masada yerini almıştı.

Görüntüsü aşureyi andırıyordu. Aşure gibi kıvamı da koyuydu. İçinde birden fazla malzeme göze çarpıyordu: Frambuaz, çilek ve muz parçalarını görebiliyordum.

Görevimi son derece ciddiye alarak tatlının kokusunu içime çektim. Mis gibi tarçın kokuyordu. *Tarçın olacak değildi ya bu özel malzeme, öyle olsa soru çok basit olurdu...*

Küçük bir lokma aldım, tadını ve dokusunu daha net hissedebileyim diye gözlerimi kapadım. Pürüzsüz olmasına rağmen sanki biraz da pütürlüydü. Ne çok sıcak ne de çok soğuktu, ılıktı. Yumuşaktı da, ağızda dağılıyordu. Yoğun bir aroması olmasının yanı sıra tadında hafiften bir hareket de vardı: Yoğurdun gazozlanması gibi, gazlı içeceklerin verdiği kabarcık hissi gibiydi. Çileğin, frambuazın, muzun ve tarçının tadını alıyordum fakat o asitli, mayhoş tat neydi? Tadı da dokusu da çok tanıdıktı, fakat ne olduğunu bir türlü kestiremiyordum.

"Kola?" dedim, bizi izleyen garsonumuza dönüp. Özel malzemeye yönelik ilk tahminim buydu.

"Aaa, evet! Gerçekten kola olabilir," dedi arkadaşım da.

Garson gülümseyerek başını iki yana salladı.

"Greyfurt?"

"Hayır."

"Soda?"

"Maalesef."

"Buldum! Limon!"

"Ih-ıh, limon da değil."

Bir düzineden fazla tahminde bulunup özel malzemeyi bir türlü bulamamış olmamıza rağmen hayatımda yaşadığım en lezzetli tatlı deneyimiydi.

Arkadaşım, "Tamam, pes ediyorum," dedi ve cüzdanını çıkarmak için çantasına yöneldi.

Garson, bana baktı.

"Benden de pes," dedim.

"Peki o halde," dedi ve ardından bize sır verir gibi tatlıdaki özel malzemenin adını verdi: "Patlıcan."

Hakikaten de patlıcandı! Zihnimin bir türlü adını koyamadığı o tanıdık tat patlıcandı! Fakat zihnim, tadım süresi boyunca cevapları, tatlı yapımında kullanılabilecek geleneksel malzemeler ve bilindik alternatif malzemelerle sınırlamıştı. Kalıpların dışına çıkmama pek izin vermiyordu. Cevap listem yediğim tatlının aldığım tadından çok, zihnimin bir tatlıyla ilişkilendirebileceği tat eşleşmelerinden oluşuyordu. Bu listede patlıcan yoktu. *Tatlıya patlıcan konmazdı nihayetinde!*

Duyularım, maske ardına saklanmış patlıcana dair müptedi bir deneyim yaşamıştı.

Tatlının içindeki özel malzemeyi tahmin etme uğraşı yediğim şeye daha özel bir dikkat vermeme neden olmuştu. Başka türlü sadece tatlı olarak tanımlayacağım bir lezzetin içindeki farklı tatları duyumsamamı sağlamıştı.

Daha önce yüzlerce kez patlıcan yemiştim. Ama hiçbir patlıcana bir müptedinin zihniyle yaklaşmamış, onu beş duyumdan yardım alarak keşfetmeye çalışmamıştım.

Normalde nasıl tatlı yediğimi düşündüm: Hızla, genelde televizyonun karşısında bir şeyler izlerken, daha ağzımdaki lokmayı tam çiğnemeden diğer lokmayı ağzıma tıkarak, ne yediğimi bile anlamadan bitirirdim hepsini. Çoğu zaman fark etmeden, dikkat vermeden yiyordum. *Otomatik pilotta* yiyordum.

Ezbere Yaşamak

"Ve oturdu mu bir masaya, hakkını verir çay içmenin."
Cahit Zarifoğlu

Bir beceriyse bilinçli farkındalık, her beceri gibi öğrenilebilir ve geliştirilebilir. Bu kasımızı, bir başka deyişle şimdiki zamanda olanlara maksatlı, meraklı, yargısızca ve açık bir kalple yaklaşma becerimizi güçlendirmek için yapabileceğiniz birçok alıştırma vardır. Bilinçli farkındalık, günün her anı tatbik edilebilir. Bilinçli farkındalık çalışmasını sizin için çok sıradan hale gelmiş günlük bir aktivite sırasında da yapabilirsiniz. Yemek yerken, dişinizi fırçalarken, çayınızı içerken, bulaşıkları yıkarken, işinize yürürken, birini dinlerken. Bu eylemleri o kadar sık yaparız ki otomatikleşirler. Artık bir eylemi tabiri caizse "gözümüz kapalı" bile yapabilecek kıvama geldiğimizde, o eylemi yaparken *otomatik pilotumuz* devreye girer. Bazı eylemleri otomatik pilota devretmek şüphesiz bize hız kazandırır. İki işi birden yapabilme yeteneğimizi, yemek yerken bir yandan da iş yapmayı veya televizyon izlemeyi mesela, otomatik pilotumuza borçluyuz. Ancak iki işi aynı anda yaparken işlerden birini (hatta bazen ikisini birden) otomatiğe bağlayarak, ne yaptığımızın farkında olmadan yapıyoruz. Bir yandan iş yaparken veya televizyon izlerken yemek yediğimizde tüketmekte olduğumuz yiyeceğin hakkını da yeriz.

Sıradan bir eylemi bilinçli farkındalıkla yapmak, sanki ilk defa yapıyormuş gibi yapmak demektir.

Mesela çay içerken, dokunma duyumuzdan yardım alarak bardağın sıcaklığını, görme duyumuzdan yardım alarak çayın aşağıdan yukarı berraklaşan rengini, koklama duyumuzdan yardım alarak çayın kokusunu, işitme duyumuzdan yardım alarak bardağın içindeki kaşığın her hareketle çıkardığı sesi ve tatma duyumuzdan yardım alarak da tadını fark etmek demektir.

Beş duyumuzdan yardım alarak kendimizi o deneyimin kollarına bırakmak ve zihnimizin dolaşmaya çıktığını fark ettiğimizde, duyularımızdan birinin yardımını alarak tekrar tekrar, ana dönmek demektir.

Düşünüyorum Öyleyse Gerçek Olmayabilir

"İki işi birden yapma" derler. Yerinde bir tavsiye ama gerçekçi olduğunu söylemek güç. Çünkü biz insanlar her daim iki işi birden yaparız. Ne yaparsak yapalım zihnimiz hep aktiftir. Hep çalışır. Mütemadiyen düşünce üretir. Ve düşüncelerimiz, yaptığımız herhangi bir günlük aktiviteyi bölebilir.

Bir eşyanızı ararken, kendinizi odanın ortasında ne aradığını unutmuş bir halde bulduğunuz oldu mu hiç?

İlacınızı alıp almadığınızı, saçınızı yıkayıp yıkamadığınızı, ütünün fişini çekip çekmediğinizi, sayfaları çevirmiş olmanıza rağmen ne okuduğunuzu hatırlayamadığınız?

Peki ya bilindik bir yolda araba kullanırken veya yolculuk ederken kendinizi bir anda geçen kilometreleri hiç fark etmeden varış noktasında bulduğunuz oldu mu?

Tüm bu eylemler esnasında bedeniniz size eşlik etmişti ancak büyük olasılıkla zihniniz ya geçmişte ya gelecekteydi. Belki o gün yaşananları değerlendiriyor, birini veya söylediklerini düşünüyor veya akşam yemeğini planlıyordu.

Düşüncelere *daldığımız* bu anlarda zihnimizde kayboluruz ve bu düşünceler bizim gerçeğimiz olur. Öyle ki, zihnimizin içindeki gerçekler bazen burnumuzun dibinde gerçekleşen şeylerden daha gerçek ve daha ilgi çekici oluverir. O kadar otomatiktir ki bizim için düşünmek, tıpkı nefes almak gibi, düşünmekte olduğumuzun bile farkında olmayız. Düşünen ile düşünce arasındaki mesafe kaybolur ve düşünen ile düşünce(ler) bütünleşir.

"Murathan Mungan öyle bir kitap yazmış ki, okurken çocukluğuma götürüyor beni," dedi geçenlerde annem. Çok iyi anlıyorum ne demek istediğini zira bahsettiği gibi "iç içe geçme", bütünleşme, kaynaşma hali bana da çok sık oluyor, hele ki okuduğum romanda kendime benzettiğim bir karakter bulursam resmen kayboluyorum sayfaların içinde. İzlediğim filmlerde de oluyor. Bazı filmleri izlemiyor, onları yaşıyorum adeta. Öyle içine giriyorum ki, dramsa diyelim izlediğim film, sanki yaşananlar benim başıma gelmişçesine ağlıyorum. Biri seslense duymuyorum. Bittikten sonra etkisinden çıkamıyor, bir süre kendime gelemiyorum. Can alıcı düşünceler de aynı şekilde çekerler bizi içlerine. Bazen bazı düşüncelerimizle öyle kaynaşırız ki onları sadece birer düşünce olarak değil, gerçeklerin eksiksiz temsili, itaat etmemiz gereken kurallar, davranışlarımızın nedenleri olarak görürüz.

İşte böyle zamanlarda bilinçli farkındalık becerileri yardımıyla zihnimizin içindeki tek boyutlu dünyaya kendimizi ne kadar kaptırdığımızı fark edebilir ve yeniden üç boyutlu gerçek yaşama dönebiliriz. Bu gereklidir çünkü bazen davranışlarımız, zihnimizin boyunduruğu altına girebilir.

Örneğin kariyeri adına önemli bir görüşme için başka bir şehre gidecek olan arkadaşım uçakta olması gereken saatlerde beni arıyor. Uçağa binmemiş, evine geri dönüyor. Sesi de kötü geliyor.

"Yaso, n'oldu? Neden binmedin uçağa?" diyorum.

"Yapamadım. Başıma kötü bir şey geleceğini düşündüm."

İlk bakışta, ilk duyuşta garip gelmiyor, "Başıma kötü bir şey geleceğini düşündüm." O kadar alışığız ki düşüncelerimizi davranışlarımıza neden olarak göstermeye, sorgulama gereği bile duymuyoruz. Konu orada kapanıyor. Devam edip, "Başına kötü bir şey geleceğini düşündüğün halde niye binmedin uçağa?" diye sormuyorum. Halbuki bazen kendimize tam da bunu sormamız gerekiyor. Çünkü zihnimizin sunduğu gerekçeler davranışlarımızın asıl nedenini açıklamıyor.

Arkadaşım, "Başıma kötü bir şey geleceğini düşündüm," derken, "başına kötü bir şey geleceğini düşünmesini" uçağa binmemesine gerekçe gösteriyor. Düşüncesini eylemine engel görüyor.

Şöyle bir görüntü oluşuyor benim zihnimde. Bir düşünce beliriyor zihnimizde, mesela "kötü bir şeyler yaşama" düşüncesi ve bir anda ipler sarkıyor o düşünceden. Sarkan ipler tıpkı kuklaların ellerine ayaklarına dolandığı gibi bizim de elimize ayağımıza dolanıyor ve bu düşünce bizi tıpkı bir kuklacının kuklasının eline koluna hâkim olduğu gibi bizim de elimize kolumuza hakim oluyor. Halbuki düşünce dediğin ne elle tutulur ne gözle görülür bir şey. Somut değil; soyut, sembolik oluşumlar. Fakat yine de üç boyutlu, somut, kanlı canlı, devasa bir şeyin bizi engelleyeceği gibi engelliyor bizi bu bir boyutlu, soyut düşünceler.

Sosyal bir ortamda hiç konuşmadığını, içine kapanıp geri çekildiğini fark ediyoruz bir sevdiğimizin. "Neden ağzını bıçak açmadı bütün akşam?" diye soruyoruz. "Söyleyeceğim hiçbir şey kimsenin ilgisini çekmeyecekti zaten," diyor. Aynı durum burada da var. Muhtemelen bir şeyler söylemek istese de zihni hemen devreye girip, "Çok sıkıcıyım", "Anlatacak ilginç bir şeyim bile yok", "Beni salak zannedecekler", "Bu söyleyeceğim zaten kimsenin ilgisini çekmez" gibi düşünceler atıyor ortaya. Ve kişi, sanki biri gerçekten eliyle ağzını kapatıyormuş gibi konuşmuyor. Zihninin bu söyledikleri kontrolünde hareket ediyor. Dolayısıyla da konuşmamasına gerekçe olarak, "Söyleyeceğim hiçbir şey kimsenin ilgisini çekmeyecekti" düşüncesini gösteriyor. Zihninin söyledikleriyle o kadar meşgul ki, başka şekilde nasıl davranacağını göremiyor. Başka bir seçenek yokmuş gibi.

Düşünceler duyguların zihinsel bileşenleridir.[17] Kim bilir belki de bu yüzden zaman zaman hissetmek yerine duymak fiilini kullanıyoruz duygularımızdan bahsederken ve "Korku duydum", "Öfke duydum", "Endişe duydum", "Mutluluk duydum" diyoruz.

Çünkü duyguların sesi var. Konuşuyorlar, bize bir şeyler söylüyorlar. Biz de onlara "düşünce" diyoruz.

Misal, korku duygusu "Yapamayacağım", öfke duygusu "Bunu bana nasıl yapar", endişe "Ya başıma kötü bir şey gelirse" diyebiliyor.

Utanç, "Rezil oldum"; üzüntü, "Çok yalnızım"; mutluluksa "Ne iyi yaptım" diyebiliyor.

* * *

Bazen korku, üzüntü, öfke gibi can alıcı duygularla da, onların yalnızca birer duygu olduklarını göremeyecek kadar bütünleşiriz. Ve kimi zaman duygular daha baskındır düşüncelerden; ne düşündüğümüzün farkında bile değilizdir, ne hissettiğimizle olan meşguliyetimizden. O yüzden de davranışlarımıza gerekçe gösterirken düşüncelerimiz kadar duygularımızı da kullanırız.

---

17 Duyguların iki bileşeni vardır. Zihinsel bileşenleri (nam-ı diğer düşünceler) ve fiziksel bileşenleri (bedensel duyumlar).

Yataktan çıkmak istediğini *ama* kendini çok mutsuz hissettiğini, evden çıkmak istediğini *ama* o gün panik atağı geçireceğinden emin olduğu için bunu yapamadığını, daha sakin ve tahammüllü davranmak istediğini *ama* çok sinirlendiğinden bağırdığını söyleyen, duygu ve düşüncelerini davranışlarına neden gösteren, kendim dahil, çok kişi tanıdım.

Duygu ve düşüncelerin elbette davranışlarımız üzerinde **etkileri** var, fakat davranışlarımız ne duygularımızın ne de düşüncelerimizin boyunduruğu altında. Duygularımız, davranışlarımız ve düşüncelerimiz birbirini takip ettiği için, doğal olarak zihnimiz aralarında bir neden-sonuç ilişkisi kuruyor. Bunu yaparken de basit tutuyor açıklamalarını, halbuki davranışların tek bir nedeni olmaz. Oldukça kalabalıktır arkaları. Davranışların üzerinde aynı anda geçmişte öğrendiklerimizin, o an içinde bulunduğumuz koşulların ve elbette hissettiklerimizin, zihnimizden geçen düşüncelerin ve daha nicelerinin etkisi vardır. Bir davranışa bin gerekçe bulabiliriz. Fakat nedenlerin tek birine işaret edip "Bu davranışın tek sebebi sensin!" diyemeyiz.

"Uçağa binmek istiyorum ama korkuyorum."

"Yapmam lazım ama içimden gelmiyor."

"Konuşmak istiyorum ama çekiniyorum."

Sizin AMAnız ne?

Bir deney yapalım birlikte. "Ama" ile böldüğümüz cümlelerdeki "ama" kelimesini "ve" ile değiştirelim.

"Uçağa binmek istiyorum *ama* korkuyorum."

"Uçağa binmek istiyorum *ve* korkuyorum."

Bu birbirine oldukça benzeyen iki cümle arasında bir fark var mı? Siz üzerine düşünürken ben de bir yandan kendi gördüğüm farktan bahsedeyim. "Ama" keskindir. "Ama", sen varsan ben olamam demektir. Hareket etmek için duygunun geçmesini, düşüncenin değişmesini önkoşul bellemektir. "Ama" hayat ile arana tek kelimelik bir duvar örmektir. Gücünü toplamak için verdiğin mola yerinden ziyade yolculuğuna son vermektir. Arzu etmediğin bir yere yerleşmektir. Oraya saplanıp kalmaktır.

"Ve" özgürleştirir bizi. Duygu ve düşüncelerinin esaretinden kurtarır bedeni. Hafifletir. Bir duygu ile, bir düşünce ile birlikte –ne kadar bize rahatsızlık verse de– hareket edebileceğimizi gösterir. Zordur zor olmasına ***ve*** mümkündür. "Ve" zihnimizle aramıza mesafe koyar. Farklı olasılıkların farkına varmamızı sağlar.

Tanıştığımızda çok sevdiği dedesi uzun süredir hasta olan ve ölümden çok korkan bir danışanım vardı. Dedesi hastaneden, "Son günlerimi evimde geçirmek istiyorum," diyerek kendi rızasıyla taburcu olmuştu. Danışanımın anlattığına göre hayli titiz ve kuralları olan, otoriter bir adamdı. Tüm aileyi, "Eğer öldüğümde üstüm başım derli toplu değilse, beni giydirin ve güzelce yatağıma yatırın. Kimse beni elden ayaktan kesilmiş bir ihtiyar olarak hatırlamasın," diye tembihlemişti. Danışanım günün birinde haberi babasından almıştı. Dedesi, salonda, televizyonun karşısında pijamalarıyla son nefesini vermişti. Babası, dedesini tek başına giydirecek, yatağa taşıyacak güce sahip değildi. Danışanım bunu biliyordu.

"Babamı yalnız bırakmak istemedim. Babama destek olmak istedim. Zaten mümkünü yok ofiste duramazdım o dakikadan itibaren, ben de çıktım hemen babamın yanına gittim," dedi, dedesinin ölümünden iki ay sonraki ilk görüşmemizde. "Çok zordu, Zeynep..." diye devam etti, "Yaşayan bir insanın artık yaşamaması... Dedemi o halde görmek... İlk defa ölü bir insan gördüm. Ve o da tanıdığım, çok sevdiğim bir insandı. Buz kestim zaten ilk gördüğümde... Ben ölümden çok korkarım ama gittim."

"Çok üzgünüm," dedim, "senin için ne kadar zor olduğunu anlayabiliyorum."

"Gerçekten çok zordu. Hayatımda yaptığım en zor şeydi," dedi, gözlerini benden kaçırarak. Kısa bir sessizlikten sonra, "Ama biliyor musun, Zeynep?" dedi, tekrardan bakarak gözlerime, "Yine olsa, yine yapardım."

"Yine bir seçim şansın olsa, yine babana destek olmak için dedenin evine giderdin..."

"Evet," dedi, bir an bile tereddüt etmeden.

"Korkacağını bilmene rağmen giderdin. Bu çok güçlü bir şey... Yine yapardım diyorsun..." dedim merakla. Bir değere dokunduğumuzun farkındaydım.

"Babamı yalnız bırakmak istemedim. Çok üzüldü çünkü orada. Biliyorum."

"Ne kadar cesurca bir şey söylüyorsun! Orada bir sürü *olumsuz* duygu ile, acı verici bir sürü düşünce ile yüzleşecek olmana rağmen, bunu bilmene rağmen yine de o eve girmeyi seçmen... Bu ne anlatıyor sana?"

"Babamı çok sevdiğimi herhalde," dedi, acı tatlı bir tebessümle. "Bir de tabii vefalı bir evlat olma isteğimi."

"Evet," dedim. "Ve sadece bir duygu olarak sevmekten ziyade belli ki babanla olan ilişkinin sevgi dolu olmasına, destekleyici olmasına ve dediğin gibi vefalı bir evlat olmaya değer veriyorsun. Çünkü hep kaçıyoruz ya bizi rahatsız eden duygu ve düşüncelerden gündelik hayatta. Onları hissedeceğimiz ortamlara girmiyoruz, aklımıza getirecek şeyleri yapmıyoruz. Hep kaçıyoruz mümkün mertebe. Dikkatimizi dağıtmaya çalışıyoruz. Çünkü bize küçüklükten öğretilen bu. Ağlarız, 'Ağlama çocuğum,' derler. Bir şeyler düşünürüz, 'Öyle düşünme, saçmalama,' derler. Ve sonra sen bana böyle bir şey anlatıyorsun! Yani diyorsun ki, 'Kaçmayacağım.' Diyorsun ki, 'Yine olsa yine yaparım!'"

"Evet. Kesinlikle. Benim için vefa böyle bir şey. Evden içeri adım atarken çok da korktum ama yine olsa yine yaparım çünkü bunu yapmama değer."

"Bu yüzden de korktun *ve* gittin." dedim. "Az önce söylediğimin aksine korkmana *rağmen* gitmedin esasında, korkunla *birlikte* gittin. Seni oraya değerlerin götürdü. Korkunu da yanına alıp gittin."

"Korkunu yanına almak..." diye tekrar etti gülümseyerek, "*Korkunla yüzleş* diyorsun yani?"

Direnç ve Kabul

"Yüzleşmek" tabiri bana mücadeleyi çağrıştırır hep. Yalnızca "yüzleşme" tabiri değil üstelik, bilhassa bize rahatsızlık, acı veren duygu ve düşüncelerimiz hakkında kullandığımız daha nice tabir mücadeleyi çağrıştırır. Daha önce de söylediğim gibi, bazen hissettiğimiz duygu ve zihnimizden geçen düşüncelerle öyle iç içe geçeriz ki duygu yalnızca bir duygu, düşünce yalnızca bir düşünce olmaktan çıkar; *yenilmesi*, *kontrol altına alınması*, *yok edilmesi*, *kurtulunması* gereken bir düşmana dönüşür adeta. Hal böyle olunca da direnmeye başlarız. Oldukları gibi kalmalarına izin verirsek bizi tamamen ele geçirecekleri inancına sahibizdir. Direnç, kendimizi farklı hissetmek ve farklı düşünmek için verdiğimiz mücadeledir.

Hepimiz direnç gösteririz. Direnç kendimizi korumamıza yardımcı olur. Her birimiz de kendimizi koruma içgüdüsüyle dünyaya geldiğimiz için direnç, hisseden varlıkların ortak paydasıdır.

Fakat hoşumuza gitmeyen duygu ve düşüncelere direnmek uzun vadede nadiren işe yarar.

Direncin karşıtı kabuldür.

"Kabul mü?" diye söylenebilirsiniz.

"İyi de kaygılı olmayı *sevmiyorum* ki!"

"Depresyonda olmayı, ölüm korkusu yaşamayı, bu ağrıları sevmiyorum ki! Sevmediğim, istemediğim bir şeyi nasıl kabul edebilirim?"

Bu bölümü yazmaya çok sıcak bir ağustos akşamında niyet ettim. Çıktım bahçeye, aldım çayımı yanıma, açtım bilgisayarımı, tertemiz bir sayfaya bakıyor, düşüncelerimi kafamda toplamaya çalışıyorum. Gözlerim kapalı, zihnimi dinliyorum, bakalım bana yararlı neler söyleyecek diye. Gayet huzurluyum. Tam o sırada fark ediyorum ağustosböceklerinin sesini.

Cır cır, cır cır, cır cıır...

"Tamam Zeynep," diyorum kendime, "konsantre ol." ama nafile. İmkânı yok kafamı toplayamıyorum. Kafam sürekli ağustosböceklerine, namı diğer cırcırböceklerine gidiyor.

Cır cır, cır cır, cır cıır...

Hakkını veriyorlar lakaplarının. Aklımı kaçıracağıma ilişkin düşünceler geçiyor zihnimden. Ben, "Ne olur sussunlar!" "Ne zaman susacaklar?!" diye düşündükçe, sanki duyuyorlar düşüncelerimi, inadına daha da yükseliyor sesleri.

Kulağıma pamuklar tıkıyorum olmuyor, müzik açıyorum olmuyor, dikkatimi önceden aldığım notlara vermeye çalışıyorum olmuyor. Ne yapsam olmuyor! Zihnimde ötüyorlar sanki. Kaçışım yok!

Cır cır, cır cır, cır cıır...

Tam o esnada babam geliyor yanıma. Bilgisayarımın ekranına bakıyor.

"E hani, hiçbir şey yazmadın mı?" diyor.

"Baba, çıldıracağım galiba. Bu böcekler susmayacak mı hiç?" diyorum.

"Takmayacaksın kafaya," diyor, "kafaya takarsan yandın, daha fazla duyarsın."

İyi de babacığım, nasıl takmayayım kafaya? Kafamı mı koparayım? Var olan bir şeyi, şimdi ve burada yaşanan bir şeyi nasıl görmezden geleyim?

Peki ne yapabilirim?

Ağustosböceklerinin sesini duymamamı sağlayacak yollar aramaya devam edebilirim. Zamanımı zihnimin önerdiği çözüm yollarını tek tek deneyerek geçirebilirim: kulaklarıma daha kalın pamuklar tıkamak, komşuları rahatsız etme pahasına müziğin sesini sonuna kadar açmak, sopayla bahçedeki ağaçların tek tek gövdelerine vurmak gibi. Veya isyan etmeyi seçebilirim. "Başka ev mi yoktu da geldik burada oturuyoruz", "Bu akşam böcekler yüzünden hiçbir şey yazamayacağım", "Neden bu ağaçlar burada ki zaten!" düşüncelerinin peşinden sürüklenebilirim. "Bu şekilde yazı yazmamın imkânsız olduğu" düşüncesinin hareketlerimi kontrol etmesine izin verip, tasımı tarağımı toplayıp başka bir yere gidebilirim. Fakat nereye gidersem gideyim uyumak için ağustosböceği istalisına uğramış evime, cır cır seslerine döneceğim. Neyse ki alternatifler bunlardan ibaret değil. Bir başka seçeneğim daha var. Ağustosböceklerinin sesini fark etmeden önce yapmaya niyet ettiğim şeyi yapmaya, yazı yazmaya başlayabilirim. Bu esnada duyduğum tüm seslerin, hoş olanların da hoş olmayanların da, oldukları gibi kalmalarına izin verebilirim. Şu anın nasıl olması **gerektiği** ile meşgul olmak yerine, nasıl olduğuyla ilgilenebilirim. Anı olduğu gibi deneyimlerken, daha farklı olması gerektiğine dair düşüncelerimin, tıpkı otobandan geçen arabalar gibi, gelip geçmelerine müsaade edebilirim. Odak noktamı genişletip, ağustosböceklerinin şu anki deneyimimin **yalnızca bir parçası** olduğunun farkına varabilirim. Onlara karşı direncimi biraz olsun serbest bırakabilirim. Onları oldukları gibi **kabul** edebilirim.

Bilinçli farkındalık, içinde yargısızlığı barındırdığı gibi, yargısızlığın getirdiği kabulü de barındırır. Hatta Öz-Şefkatli Farkındalık[18] öğretmenim Psikolog Dr. Christopher Germer, bilinçli farkındalığı basitçe, "içinde bulunulan ana dair, kabul içeren bir farkındalık"[19] olarak tanımlar.

---

18 Öz-Şefkatli Farkındalık (Mindful Self-Compassion), 2010 senesinde Psikolog Dr. Kristin Neff ve Psikolog Dr. Christopher Germer tarafından kişinin kendisine karşı şefkatle davranabilme becerilerini öğrenmesi üzerine tasarlanmış 8 haftalık bir eğitim.

19 Christopher Germer, "Mindfulness: What Is It? What Does It Matter?", (Ed.) C. Germer, R. Siegel, P. Fulton, *Mindfulness and Psychotherapy*, New York, Guilford Press, s. 3-27.

Kabul etmek fiili epey yüklüdür, hepimiz için çeşitli anlamları olabilir. Hatta çoğu zaman kabul etmek, sevmek, istemek veya boyun eğmek, pes etmek, razı olmak veya başarısız olmak ile karıştırılabilir.

Kabul kelimesi Arapça kökenli bir kelimedir. "Yüzünü dönmek", "direnmemek", "misafir etmek" anlamlarına da gelen fiilin mastarıdır. Bilinçli farkındalıkta kökenine sadık kalınan *kabul*, deneyimlerimize (hoşumuza giden ve gitmeyen) karşı verdiğimiz mücadeleyi ve direnci serbest bırakarak, hem deneyimimize hem de deneyimi deneyimleyene, kendimize, şefkatle yaklaşmak, şu anda ne oluyorsa olmasına izin vermek demektir.

Teşekkürler Zihnim

Duyguların zihinsel bileşeni olan düşüncelerle iç içe geçmek, deneyimlerimize kabul içeren bir tutumla yaklaşmamızı oldukça zorlaştırabilir.

İki cümle size:

"Bu beyaz kapaklı bir kitap."

"Bu güzel bir kitap."[20]

---

20 Hayes ve diğerlerinin *Acceptance and Commitment Therapy: An Experiential Approach to Behavior Change* kitabının 1999 senesindeki ilk baskısı ve 2012 senesindeki ikinci baskısında geçen "bad cup" metaforundan esinlenilmiştir.

Bu iki cümle kulağa benzer geliyor, öyle değil mi? Sanki ikisi de kitabın özünü tarif ediyor gibi.

Halbuki bu iki cümle arasında önemli bir fark var.

Eğer bahsi geçen bu kitabın kapağı beyaz renkliyse, o zaman ilk cümle bir **tasvirdir**.

İkinci cümlede geçen *güzel* kelimesi, kitabın bir parçası değil. *Güzel*, önermeyi yapan kişiden gelen bir yorumdur. Başka bir kişi aynı kitabı çirkin ya da sıkıcı bulabilir. İkinci cümle o kişinin zihninin bu kitaba eklediği bir **değerlendirmedir**.

Tasvirlere beş duyumuz sayesinde erişiriz. Eğer görebiliyorsak, koklayabiliyorsak, dokunabiliyorsak, tadabiliyorsak veya duyabiliyorsak bu bir tasvirdir.[21] Diğer her şeyse değerlendirme. Bu ikisini birbirinden ayırt edebilmek önemli bir beceridir: zihnimizle aramıza mesafe koymamıza yardımcı olur.

Örneğin, hissettiğimiz üzüntü duygusuna "*Katlanamıyorum!*" veya "*Bu acı beni hasta edecek!*" gibi düşünceler eşlik edebilir. Bu düşüncelerle bütünleştiğimiz zaman elbette üzüntü duygusunu hissetmemek için direnç göstermeye başlarız. Kim kendini hasta edeceğini düşündüğü bir duyguyu hissetmek ister ki! Lakin hayatta çektiğimiz sıkıntıların göz ardı edilemeyecek kadar büyük bir kısmını var olana direnerek kendimiz yaratırız. Halbuki "*Katlanamıyorum!*" veya "*Bu*

21 John T. Blackledge, *Cognitive Defusion in Practice*, New Harbinger Publications, 2015.

acı beni hasta edecek!" gibi düşünceler, üzüntünün özündeki somut özelliklerin **tasviri** değil, zihnimizin üzüntü duygusunun üstüne yapıştırdığı **değerlendirmeler**dir. Fark edersek yaşadığımız üzüntünün saf duyu haline odaklanabiliriz.

Bu farkındalık bize, üzüntümüzle olan ilişkimizi değiştirme fırsatı verir. Üzüntüyü hissetmeye devam ederiz fakat artık üzüntüyü, katlanamayacağımız veya bizi hasta edecek bir olgu olarak değil, olduğu gibi deneyimleriz.

Duyguların zihinsel bileşenleri düşüncelerse, fiziksel bileşenleri de bedensel duyumlarımızdır.

Duygularımızı, zihnimizin üzerlerine yüklediği değerlendirmelerden, yargılardan, hikâyelerden soyup bedenimizdeki duyumlar olarak ele alabildiğimiz anda, o duyguyu hissetmek bize ne kadar rahatsızlık verirse versin, o duyguya karşı verdiğimiz mücadeleyi biraz serbest bırakabiliriz, ona yer açabiliriz.

Zihin geçmişe ve geleceğe seyahat edebilir, bir düşünceden diğerine geçebilir. Bedense şimdiye çakılıdır. Her zaman şimdiki andadır. Beden, zihnimize kıyasla daha yavaştır. Bedenimiz, deneyimlediğimiz duyguları fark etmemiz için bize daha fazla zaman tanır.

Hissettiğimiz duygunun adını koyup onu bedenimizde en güçlü nerede hissettiğimize yönelerek fiziksel duyularımızdan yardım alarak duygularımıza oldukları halleriyle yer açabiliriz; çünkü bedenimiz şimdiye çakılı ve yavaş olsa da, tasvir edilmesi mümkün somut tepkiler ve yanıtlar verir. Bu nedenle duygularımızı kabul etme sürecinde bedensel duyumlarla çalışmak kolay ve aydınlatıcıdır.

Burnunun direği sızlamak.

Yüreği ağzına gelmek.

Dizlerinin bağı çözülmek.

Göğsü daralmak.

Karnında kelebekler uçuşmak.

Duygularımızı ifade ederken bu gibi deyimlere başvurmamız boşuna değildir. Beden, duygularımızın barındığı hazne; duyguların ispatıdır.

Bir dahaki sefere yoğun bir duygu yaşadığınız bir anda sizi bedeninizi baştan aşağıya taramaya davet ediyorum.[22]

Bedeninize, uyuyan bir bebeğe yönelir gibi yönelin, onu nezaketle ve merakla araştırın: Hissettiğiniz bu duyguya yumuşak, anlayışlı bir tonla bir isim verebilir misiniz?

Üzüntü?

Öfke?

Korku?

Yalnızlık?

Kafa karışıklığı?

Çaresizlik?

---

22 8 haftalık "Öz-Şefkatli Farkındalık" eğitiminde geçen "Yumuşat-Yatıştır-İzin Ver" isimli meditasyondan uyarlanmıştır.

Hissedip adını koyduğunuz bu duygu bedeninizin neresinde boy gösteriyor?

Kendini nasıl ifade ediyor?

Belki yüzünüzde bir sıcaklık, çenenizde bir ağrı, boğazınızda bir düğüm, belki göğsünüzde bir ağırlık, belki de midenizde bir gerginlik...

Peki ya fiziksel özellikleri neler?

Şekli nasıl?

Bir rengi, dokusu, ısısı var mı?

Hareket ediyor mu, yoksa tek bir yerde duruyor mu?

Merakla yaptığınız bu keşif esnasında duygunuzla ilgili birçok şey fark edebilirsiniz. Belki sıcaklığını hissedersiniz. Şekli yuvarlaktır belki, rengi ise kırmızı. Dokusu da tırtıklı.

Hissettiğiniz duygunun fiziksel özelliklerini merakla keşfederken pek çok detay görebilirsiniz; göremeyeceğiniz şeyse değerlendirmelerinizdir. Duygu hakkındaki düşüncelerinizdir. Örneğin, "katlanılamaz olmak" üzüntünün doğasında yoktur. Tıpkı güzelin, çirkinin, eğlencelinin ya da sıkıcının bu kitabın doğasında olmaması gibi. Ne kadar ikna edici olursa olsun, değerlendirmeler deneyimimizin değil, zihnimizin eklediği unsurlardır. *Teşekkürler, zihnim.*

Bu alıştırmanın niyeti zihnimizin gördüklerimizi, hissettiklerimizi değerlendiren kısmını devre dışı bırakmak değil. Değerlendirme yapmamak zihnimizin doğasına aykırıdır. Yargısızlık, aslında imkânsızdır. İmkânlı olan yargılarımızı yalnızca birer yargı olarak fark etmek ve onlara sıkı sıkıya tutunmak, körü körüne inanmak yerine hafifçe, bir kelebeği tutar gibi tutmaktır.

Belki de Mevlânâ'nın dediği gibi, "her geleni alnımızın akıyla misafir etmeli", "karanlık düşünce, utanç ve garez, hepsini gülerek karşılamalı."[23] Kabul etmeli içeriye. Bunca yıl kaçtık, bunca yıl savaştık, belki de artık bu amaçtan vazgeçmeli. Lakin temkinli olmakta fayda var zira "Bu duyguyu yok etmeliyim" ne kadar katıysa, "Bu duyguyu kabul etmeliyim!" de o kadar katıdır. Her duyguyu öyle bir anda kabul edemeyiz. Özellikle bizi zorlayan duygulara yüzümüzü dönmek, bazen acımızı geçici olarak artırabilir. O yüzden yeri geldiğinde acıya yalnızca uzaktan bakmak da yeterlidir, yanına gelip yavaşça dokunmak da. Bunu yaparken de bir anda değil, yavaş yavaş ilerlemeli.[24] Kapı çaldığında, önce bakmalı gelen kimmiş diye. Kapıda bizi bekleyen her neyse, ona karşı merakla, ne olduğunu anlamak niyetiyle kapıya kulak kabartmalı. Belki daha sonra kapıyı açarak, misafiri içeri davet ederiz. İstemeye istemeye. Bir an önce gitmesini isteye isteye.

Sonra belki günlerden bir gün, gitsin diye gözünün içine bakmaktansa, o hâlâ oradayken kendi işimize bakacağız.

---

23 Mevlânâ Celaleddin Rumi, *Mesnevi*, "Misafirhane", C. 5-3676, çev. Vehbi Taşar, Coleman Barks "Essential Rumi".

24 Christopher Germer kabul etmenin 5 evresi olduğundan bahseder. C. K. Germer, *The Mindful Path to Self-Compassion: Freeing Yourself from Destructive Thoughts and Emotions*, The Guilford Press, 2009, s. 27.

Ve başka bir gün, uygunsa eğer, yanına oturacağız. Bir süre sonra gideceğine, hep böyle hissetmeyeceğimize güvenerek yakınlık kuracağız.

Bize anlatmak istediklerini duyacağız.

Zamanı geldiğinde de "görüşmek üzere" diyerek uğurlayacağız.

BÖLÜM IV

EN ACIMASIZ SES

Salondaki koltukta oturuyordum. Tam 43 dakika olmuştu, kendime, birazdan masa başına oturup yazmaya başlayacağım diye söz vereli. Kitapları karıştırdım, eski yazdıklarıma dönüp onları tekrar okudum, arada ayağa kalkıp odanın içinde bir tur attım. Televizyonda bir kanaldan diğerine biraz zap yaptım. Bir kahve daha içtim. Tam 43 dakika olmuştu ve ben yazı yazmak haricinde her şeyi yapıyordum.

"Olmayacak," diyordu içimde tanıdık bir ses, "Sen bu kitabı yazamayacaksın. Seninle aynı anda yola çıkan insanların ikinci, üçüncü kitapları yayınlanacak, sen iki senede bir kitabı yarılayamadın bile... Disiplinsizsin. Kabiliyetsizsin."

Yaklaşık 20 senedir benimle bu ses. Başdenetmen'in sesi. Sanırım zihnime tohumları, ilkokulda annemin "Ah Zeynep, herkes okumayı söktü be çocuğum! Sen neden bu kadar yavaşladın?" demesiyle atıldı. Çoğu zaman annemin sesine benzetiyorum sesini.

Fakat daha kalın, vurguları daha keskin bir ses. Ve daha azarlayıcı. İri gözlerini kısarak konuşuyor benimle. Gözleri kadar iri vücudu da. Kilolu değil, yapılı bir kadın. Duvar gibi. Vücudu titriyor sinirlendiğinde. Dişlerini sıkıyor, nefes alıp vermesi hızlanıyor. Tahammülü yok isteklerinin gerçekleşmemesine. "İnanamıyorum sana!" diyor sık sık bana. Başdenetmen'in favori söylemleri, aptallığım, tembelliğim, başarısızlığım, kısacası yetersizliğim üzerine kurulu. Bu azarların devamını getirmek kolay: "Yeterince akıllı, hızlı, üretken, yeterli değilsin!"

Başdenetmen yıllardır benimle. Bir "ben" var idealinde ve eline geçen her fırsatta bu idealden ne kadar uzak olduğumu hatırlatmaktan geri durmuyor.

Eski defterleri kurcalamayı sever. Geçmişte yaptığım hatalar, yaşadığım talihsizlikler, gerçekleştiremediğim hedefler hakkında konuşmaya bayılıyor.

Ne zaman hayatımı anlamlı kılan bir şey yapmayı planlasam, bugünkü gibi yazı yazmayı mesela, omzumda nefesini hissediyorum.

Ellerimi götürsem klavyeye, ona ve söylediklerine aldırış etmemeye çalışsam, kafamda oluşturduğum cümleleri daha yazıya dökmeden, "Gerçekten mi?" diyor, "Yapabildiğinin en iyisi bu mu?!" Ve gözlerini deviriyor.

Merak ediyorum, sizin zihninizin içinde de benim Başdenetmenim'in sesine benzer bir ses var mı? Yapmanız gereken bir şeyi yapmadığınızda veya yapıp başarısız olduğunuzda, bir hata yaptığınızda, bir konuda eksik kaldığınızda sizi acımasızca eleştiren, yargılayan, olanlardan sizi sorumlu tutan, suçlayan bir ses var mı? Yaptığınız şeylerle kolay kolay yetinmeyen, size başarısız olduğunuzu, tembel olduğunuzu, iradesiz olduğunuzu, şımarık olduğunuzu, güçsüz olduğunuzu, zayıf olduğunuzu veya yeterince zayıf olmadığınızı, yeterince güzel olmadığınızı, yeterince akıllı olmadığınızı ya da yeterince diğerleri gibi olmadığınızı söyleyen bir ses var mı?

Sizin de zihninizin içinde, size "aptal", "beceriksiz", "işe yaramaz" gibi kaba ithamlarda bulunan bir ses var mı?

Eğer varsa bilirsiniz, dünya üzerinde başka hiçbir ses bu sesten daha acımasız değildir.

İnsan hariç, başka hiçbir canlı acı çektiğinde kendine kızmaz, korktuğu için kendini aşağılamaz, bir şey yolunda gitmediğinde kendini suçlamaz.

Merak ediyorum; siz, onun yüzüne dönüp baktınız mı hiç?

Bir bedene sahip olsaydı ne kadar büyük olurdu mesela? Kaç yaşlarında olurdu? Bir kadın mı? Bir erkek mi yoksa? Yüzünde nasıl bir ifade, sesinde nasıl bir ton var? Size ne kadar yakın duruyor? Ne şekilde duruyor? Hareket ediyor mu?

Size birini hatırlatıyor mu?

Sizin zihninizin içindeki eleştirel sesin adı ne?

Benim zihnimin içindeki eleştirel ses, namı diğer Başdenetmen, öyle ön planda, sesi öyle baskın ki, tüm ithamlarının, suçlamalarının, aşağılamalarının karşısında ezilen yanımı göremiyorum.

Halbuki Başdenetmen'in karşısında, başı öne eğik, "haklısın" diyen bir taraf da var içimde. Adını, "Çaresiz Zeynep" koydum.

O, sinirinden değil, ne yapacağını bilemediğinden, yaptığı hiçbir şey Başdenetmen'i sakinleştirmeye yetmediğinden, korkusundan titriyor. Çok iyi bir dinleyici Çaresiz Zeynep. Başdenetmen'in sözünü hiç kesmiyor. Kelimesi kelimesine her sözünü, her suçlamasını dikkatle dinliyor. Var olduğu için, olduğu gibi olduğu için utanç duyuyor. Yazı yazamamaktan utanç duyuyor. Yazı yazmamak için uyumayı, televizyon izlemeyi, evi temizlemeyi seçtiği için, ertelediği için utanç duyuyor. Başdenetmen o kadar güçlü ki, karşısında paralize oluyor.

Çaresiz Zeynep daha küçük. Hem yapı hem de yaş olarak. Sanırım 9-10 yaşlarında en fazla. Sesi titriyor, olur da konuşursa. Hemen gözleri doluyor. Zihnimin bir köşesinde sırtını kamburlaştırmış oturuyor. Birileri yanına yaklaştığında tedirgin oluyor, hep diken üstünde. Fakat aslında belki de çaresizliğe mahkûm değil. Sanki biri elini uzatsa, "Hadi kalk," dese, tutacak elinden, gözleri parlayacak bir an ve silkecek üzerindeki korkuyu, endişeyi. Öyle ki, sanki birini bekliyor. Onu koruyacak birini. Başdenetmen'in tüm saldırıları karşısında öyle güçsüz düşüyor, öyle korunmasız kalıyor ki kelimenin tam anlamıyla "korunmayı" bekliyor.

Sizin içinizdeki eleştirilen taraf nasıl biri?

O kaç yaşlarında? Kaç boylarında? Nasıl duruşu, yüz ifadesi, sesi?

Sizin içinizdeki eleştirilen tarafın nedir ismi?

Çifte Standart

Çaresiz Zeynep'e baktıkça içime bir üzüntü düşüyor.

Yaşım küçükken kendimi çaresiz hissettiğim tüm zamanlar geliyor aklıma.

Korunmasız kaldığım, kendimi yapayalnız ve değersiz hissettiğim zamanlar. Ve her ne kadar Başdenetmen her zamanki aşağılayıcı edasıyla tüm bunları düşünmenin, Çaresiz Zeynep'in üzüntüsünü hissetmenin zaman kaybı olduğunu söylese de ben, beğenmediğim, utandığım Çaresiz Zeynep'e kulak vermek istiyorum. Sesini duymak istiyorum. Varsın çok üzsün söyleyecekleri beni. Varsın utandırsın, bana çaresiz hissettirsin, varsın acıtsın canımı, ben ona yer açmak, konuşmasına, olduğu gibi olmasına izin vermek istiyorum.

Cesaretimi toplayıp, "Tüm bunları duymak sana neler hissettiriyor?" diyorum. Bir anlığına kaldırıyor başını, sonra belli ki gözlerime bakmak ona çok ağır geliyor, burnu titremeye başlıyor, gözleri buğulanıyor, eğiyor başını, "Korkuyorum" diyor.

"Neden korkuyorsun?" diyorum, hâlâ aynı mesafedeyim, yaklaşamadım henüz yanına.

"Rezil olmaktan... Ezik olmaktan... Başaramamaktan..." diyor.

Üzülüyorum onu bu halde görünce, acısını dindirmek için bir şey yapmak istiyorum.

Tam o sırada, Başdenetmen'in "Başladın yine!" diyen sesini duyuyorum. "Tek bildiğin bu zaten! Mızmızlanmak, ağlamak! Bunlar bahane! Tembelliğini, yeteneksizliğini örtmek için bahaneler!" Öfkesi alevleniyor, sesi yükseliyor. Her hücresi öfkeyle çevriliyor.

Hikâyemin burasında sizi, benimle birlikte bir şey denemeye davet ediyorum.

Eğer sizin için de uygunsa, aklınıza mücadele verdiğiniz, size rahatsızlık, acı veren bir şeyi getirin. Dilerseniz çok zorlandığınız değil de, canınızı belki 10 üzerinden 4, bilemedin 5 civarlarında acıtan bir şey olsun.

Belki sizin de benim gibi bitirmeniz gereken bir yazı, bir görev, kapatmanız gereken bir hesap vardır. Uzun zamandır ertelediğiniz, ertelediğiniz her an için de kendinizi eleştirdiğiniz bir mesele vardır.

Veya kendinizi suçlamanıza neden olan bir hata yapmışsınızdır.

Belki de hoşunuza gitmeyen bir yanınız, kendinizi yargıladığınız, size ne kadar zarar verdiğini fark etmenize karşın ısrarcı olduğunuz bir davranışınız vardır. Şimdiye kadar çoktan elde etmiş olmanız gerektiğine inandığınız ama bir türlü elde edemediğiniz, harekete geçmekte korktuğunuz, korktuğunuz için de kendinizi eleştirdiğiniz bir şey de olabilir...

Belki aklınıza net bir şey gelmeyecek. Belki de birden fazla şey gelecek. Sorun değil. Ne mükemmel bir olay yakalamak ne de tek bir olayda karar kılmak zorundasınız.

Kendinizi eleştirmenin, yargılamanın, suçlamanın nasıl bir deneyim olduğuna, size kendinizi nasıl hissettirdiğine yöneltseniz dikkatinizi, o bile kâfi.

Kendinizi eleştirdiğiniz bir meselenin içinde kalmak için, neler hissettiğinizi fark etmek ve kendinize neler dediğinizi duymak için kendinize yeterince zaman tanıdıktan sonra, müsaade edin zihninize, size acı veren hadiseyi arka plana geçirsin.

Şimdi, dikkatinizin ön planına, değer verdiğiniz birini alın. Sevdiğiniz birini. Mutluluğu mutluluğunuz, acısı acınız olan birini düşünün. Belki bu kişi ailenizden biri. Belki yakın bir dostunuz, komşunuz, iş arkadaşınız. Belki çok iyi tanıdığınız belki de yeterince tanımadığınız biri. Artık hayatta olmayan birini de seçebilirsiniz. Hatta gerçek olmayan birini bile. Belki de yeterince iletişim kuramadığınız küçük bir çocuğu veya sözlerin yardımı olmadan iletişim kurduğunuz bir canlıyı.

Böyle biri aklınıza gelmiyorsa, birine, bir canlıya değer vermenin, onu önemsemenin, onun rahat etmesini, acıdan uzak yaşamasını, güvende olmasını, mutlu olmasını istemenin nasıl bir deneyim olabileceğini hayal etmeyi de seçebilirsiniz.

Ve şimdi bu kişinin sizden yardım istediğini hayal edin. Size acı çektiğini söylüyor. Şans eseri sizin yaşadığınıza benzer bir şey yaşamış. Onu üzen mesele, sizinkine çok benziyor. Ve tıpkı sizin gibi, o da yalnızca yaşadığı olayın acısını çekmiyor. Üstüne üstlük bir de canı acıdığı için, üzüldüğü, belki de korktuğu veya kızdığı için, hissettiği duygular için ve "hata" yaptığı için kendini acımasızca eleştiriyor. Kendini beceriksiz buluyor, güçsüz buluyor; aptal olduğunu, hiçbir şeyden ders almadığını düşünüyor. Ve tüm bunları sizinle paylaşıyor.

Ve siz hayatınızın öyle bir yerindesiniz ki, o olayla ilgili acınızı dindirmişsiniz. Meseleniz tamamlanmış. Artık daha bilge bir noktadasınız; ayaklarınız yere daha sağlam basıyor. Bu noktadan olayları daha geniş bir açıdan değerlendirebilirsiniz.

O mutlu olmasını, güvende olmasını, rahat etmesini istediğiniz, sizin için çok değerli kişi sizinle acısını paylaşırken; onun kendini nasıl suçladığını, nasıl da kendine kızdığını dinlerken, kendiyle verdiği savaşı izlerken neler hissederdiniz?

Üzüntüsüne ortaklık ederken ona ne söylemek isterdiniz? Sizce şu anda en çok ne duymaya ihtiyacı olurdu?

"Ne kadar zavallısın, ne de güçsüzsün!" der miydiniz ona?

Hata yaptığından pişman halde anlatırken size derdini, "Ah, salak kafan! Nasıl yaparsın bu hatayı?" der miydiniz? "Sana müstahak!" deyip onu cezalandırır mıydınız?

"Yapmak istiyorum ama bir türlü başlayamıyorum," dese, "Şımarıksın, tembelsin, disiplinsizsin de ondan. Bu gidişle de bir baltaya sap olamazsın," der miydiniz?

Karşınızda ağlarken, "Eee kendi düşen ağlamaz... Ama sen bu kafayla daha çoook ağlarsın," der miydiniz?

Baksa size, bir umut dilense, "Hiç geçmeyecek bu acı. Mahvoldu her şey, artık yapacak hiçbir şey yok," der miydiniz?

Zannetmiyorum.

Çünkü bilirdiniz ki o an, öylesine acı içindeyken işitme ihtiyacı duyduğu şeyler bunlar değil.

Peki ya kendinize neler diyorsunuz acı içindeyken, belki hata olarak gördüğünüz bir davranışınız için üzülürken, yarınlar için endişelenirken?

Kendinize nasıl davranıyorsunuz zor zamanlardan geçerken?

Yoksa sizin de zihniniz çoğumuzunki gibi kendinize karşı, sevdiğiniz kişiye olduğunuzdan daha mı acımasız?

Yoksa sizin için de kendinize şefkat göstermek, bir başkasına göstermekten daha mı zor?

Katıldığım ilk öz-şefkat eğitiminde "Sizce nedir bu çifte standardın sebebi?" diye sormuştu çok sevdiğim bir profesör.

Bu soru zihnimi bir süre kemirip durmuştu.

Şimdi de, bu satırları yazarken kulaklarımda yankılanıyor sesi.

Sahi, insan nasıl olur da esirger kendinden şefkati?

En Büyük Korkun Ne?

Kendimizi yerden yere vurduğumuz, bir başkasına kolay kolay yöneltmeyeceğimiz sivri kelimeleri kendimize ardı ardına sapladığımız her seferde perperişan olmamıza karşın acımasızlıkta ısrarcıysak şüphesiz bir bildiğimiz vardır.

Çünkü her davranışın bir işlevi vardır.

"*Olmasaydı ne olurdu?*"

Bu soruyu çok severim. Uzaktan en işlevsiz görünen davranışları bile anlamlandırmaya yarar.

Soralım şimdi kendimize.

O acımasız, çok yargılayıcı, epey eleştirel, çoğu zaman agresif iç sesiniz olmasaydı, ne olurdu?

Hayal bu ya, onu susturmanın bir yolu olduğunu söyleseydim size...

Düşünün ki, bir daha kendinizi asla yargılayamayacaksınız. Kendinizde bir daha hiçbir hata ya da kusur bulamayacaksınız.

Bundan böyle kendinizi eleştiremeyeceksiniz.

Kırmızı kalemlerle çiziyorum altını: **Kendinizi bir daha *asla* eleştiremeyeceksiniz.**

En büyük korkunuz ne olurdu?

Hem bana defalarca soruldu hem de ben pek çok insana sordum yıllar boyunca. Tecrübelerime dayanarak diyebilirim ki insan ilk duyduğunda, "Ah keşke!" diyebiliyor bazen, kocaman bir yükten kurtulurum sanıyor. Fakat biraz daha kalınca bu sorunun içinde, işin rengi değişebiliyor. "Tamamen sussun istemezdim," diyebiliyor insan. Bir çırpıda söylenen "Evet!"lerin yerini "Evet, ama..."lar almaya başlayabiliyor.

Ne ilginç değil mi? Bize acı veren bir şey elimizden *tamamen* alınsın istemiyoruz. İlginç ama bir o kadar da insani, çünkü gerekçelerimiz var: İçimizdeki çaresiz, korkan, eleştirilen tarafın çok gerçek korkuları var.

Mesela benimki, o ses susarsa tembel biri olacağından korkuyor.

Motivasyonum düşer.

Çalışmaktan, üretmekten, kendimi geliştirmekten vazgeçer diye korkuyor.

Zora gelemem, hemen pes ederim.

Düşerse eğer kalkmaz, hiçbir mağduriyetin üstesinden gelemez diye korkuyor.

Hakikati kim gösterir sonra, o olmazsa?

Kibirli, bencil birine dönüşürüm. Şımarırım, kendi hayal dünyamda yaşamaya başlarım. Hep kendimi haklı bulurum.

Daha çok hata yapmaktan korkuyor. Aynı hataları tekrar tekrar yapmaktan, dahası yaptığı hataların umurunda bile olmamasından korkuyor.

Yalnız kalırım hep kendimi haklı bulursam, hatalarım umurumda olmazsa.

Yalnız kalmaktan korkuyor.

Yok, istemem almayın tamamen Başdenetmen'i benden. Korkuyorum.

"Ha şunları bileydin!" diyor büyüklenerek içimdeki Başdenetmen bunları duyunca.

Bir köşede kamburunu çıkarıp oturmuş, gözlerinden yaşlar süzülürken sessiz sessiz iç çeken Çaresiz Zeynep'e dönüp, "Ben olmasam bir halt olmaz senden! Ben olmasam ne yazı yazacaksın ne bir şey yapacaksın!" diyor.

Taşlar oturmuyor yerine, bir çelişki kıpırdanmaya başlıyor içimde.

"Peki öyleyse merak ediyorum," diyorum, kendi kendime. "Neden hâlâ ortada yazı yazan biri yok?"

Hayatta Kalmak: İşte Bütün Mesele Bu!

Zihnimizin yegâne emeli, bizi hayatta tutmak.

Zihnimiz, bunun için tasarlanmış.

Bizi hayatta tutmak için tasarlanmış mekanizmalardan en eski ve en çabuk uyarılanı tehdit ve savunma mekanizmamız.

Yeryüzündeki her canlı herhangi bir tehdit veya hayati bir tehlikeyle karşı karşıya kaldığında –örneğin size doğru hızla yaklaşan bir arabanın klakson sesini duyduğunuzda– tehdit ve savunma mekanizması devreye girer. Bedenimizde, tehlike olarak algıladığımız şeyle savaşmamıza olanak verecek veya ondan kaçmamıza yardım edecek birtakım değişiklikler meydana gelmeye başlar. Sempatik sinir sistemimiz devreye girer, vücudumuz, halk arasında stres hormonu olarak bilinen kortizol ve adrenalin hormonlarını salgılamaya başlar. Kaçmak veya savaşmak üzere bedenimize gerekli enerjiyi verebilmek için kalp atışlarımız hızlanır. Kaslarımız gerilir, bu sayede bedenimiz daha kuvvetli bir hale gelir. Nefes alıp verme hızımız artar ki bu da kaçmamız veya savaşmamız için bedenimizin ihtiyacı olan oksijeni takviye etmek içindir. Bedenimize daha fazla oksijen girdikçe uyanıklığımız, atikliğimiz artar.

Hayati tehlike arz eden durumlarda böyle bir mekanizmaya sahip olmamız büyük bir şanstır. Eski çağlarda yaşayan insanlar her an bir tehlikeye maruz kalabilirlerdi. Atalarımız saldırgan hayvanların, zehirli bitkilerin, çetin hava koşullarının sürekli bir tehdit olduğu o dönemlerde iyi işleyen tehdit ve savunma mekanizmaları sayesinde hayatta kaldı.

Tehdit ve savunma mekanizmamız yalnızca bedenimizde değil zihnimizde de birtakım değişikliklere sebep olur. Örneğin bu mekanizma devreye girdiğinde dikkatimiz yalnızca tehlike olarak algıladığımız şeyin üzerine yoğunlaşır. "Olumlu" ne varsa göz ardı edilip, "olumsuz" ne varsa ona odaklanılır. Dikkatimizin tek bir şeye ve "olumsuz" olana odaklanması, tehdit geçene kadar üzerinden ayrılmaması yeri geldiğinde çok faydalı ve hayati bir beceridir. Atalarımız aslanlar, kaplanlar, tüm o yırtıcı hayvanlar tarafından yenmemiş olanlardı, onlar her çalı hışırtısından kaçan, her yırtıcıya geri hırlayanlardı. Dikkatlerini yalnız ve yalnızca tehlikeye odaklayanlardı. Dikkati daha kaygan olanlar bulutların geçişini izlemeye veya yüzlerinde güneşi hissetmeye koyulmuşlardı, hışırtının rüzgârdan kaynaklandığını sananlardandı: Hoş, zaten bu yüzden gen havuzunda onlara rastlamak mümkün değil artık.

Tehdit ve savunma mekanizmasının sebep olduğu bedensel ve zihinsel değişikliklerin yanı sıra ayrıca da tetiklediği korku, öfke, tiksinme (ki tiksinme çoğu zaman utanç ve suçluluğun temelinde yatan duygudur) gibi duygular sayesinde hayatta kaldı atalarımız. Korku atalarımızı kaçmakta uzmanlaştırdı, öfke onları diğer canlılara karşı güçlü kıldı, tiksinme bozuk veya zehirli yiyeceklerden, hatta hasta kabile bireylerinden uzak durmalarını sağladı.

Bizler, tehdit ve savunma mekanizmaları sayesinde hayatta kalanların soyundan geldik.

Her ne kadar aslen fiziksel bedenimizi hayatta tutmak için tasarlansa da, tehdit ve savunma mekanizmamız yalnızca ve yalnızca fiziksel bir saldırıyla karşı karşıya kaldığımızda devreye girmez. Duygusal bir saldırıyla karşı karşıya kaldığımızda da devreye girer.

Kendimizi aşağıladığımızda, korkutarak motive ettiğimizde, acımasızca yargılayıp eleştirdiğimizde bu kendi kendimize yaptığımız duygusal bir saldırıdır. [25]

Dolayısıyla her ne kadar tembel olmamak, motivasyonumuzu kaybetmemek, kendimizi geliştirmeyi bırakmamak, bencil, kibirli, şımarık birine dönüşmemek, hata yapmamak, raydan çıkmamak adına zihnimizin içindeki Başdenetmen'e ihtiyaç duyduğumuza inansak da işin aslı o sesin bizi daha fazla strese soktuğu ve tehdit ve savunma mekanizmamızın içine bizi hapsettiğidir.

---

25 K. Neff, *Self-Compassion: The Proven Power of Being Kind to Yourself*, New York, William Morrow, an imprint of HarperCollins, 2011, s. 48.

Yüksek lisans yaparken iki günlük bir "Öz-Şefkat" atölyesine katıldım. Kendimi en çok kendimden kollamam gerektiğini fark ettiğim bir zamanda bu atölyeden haberim olmuştu. Haftalar öncesinden yerimi ayırtmıştım.

İlk gün, teorik eğitim bittikten sonra, günü bir meditasyon egzersiziyle kapatmayı önerdi grup liderimiz. Hepimizi rahat bir pozisyona geçirdi, gözlerimizi kapattırdı. Farkındalığımızı önce bedenimize sonra nefesimize yönelttik. Ardından meditasyonun ikinci veya üçüncü dakikasına doğru şöyle bir yönerge geldi grup liderinden:

"Şimdi sizin için de uygunsa, bir elinizi nazikçe kalbinizin üzerine koyun."

Haydaaa... İçimdeki Başdenetmen bir anda isyan etti.

"Elini kalbinin üstüne mi? Yapmayacaksın herhalde öyle bir şey. Ne kadar komik görünürsün! Allah aşkına senin ne işin var burada, sınıf arkadaşların kaçıncı makalesini yazıyor, sen gelmiş burada meditasyon yapıyorsun... Böyle eksantrik şeylerden medet umuyorsun ya, inanılacak gibi değil!"

Kapalı olan gözlerimden tekini açtım, diğer insanların ne yaptığına bakmak için. Herkes koymuş elini kalbinin üstüne. Ben hariç. Kimilerinin gözünden yaşlar gelmeye başlamış bile...

"Bu kadar basit bir şeyi bile yapamıyorsun," demeye başladı bu sefer, eleştirel iç sesim.

İçimde fırtınalı tartışmalar sürerken kaçırdım meditasyonu. Çanın çalmasıyla geldim kendime.

Ve herkes yavaş yavaş toparlanmaya başlarken, ben grup liderinin yanına gittim ve "Hocam, ben bu egzersizi yapamadım. Yanlış anlamayın ama bana saçma ve komik geldi. Ben daha bilimsel bir şeyler öğreneceğimizi zannediyordum," dedim.

Eğitmen, yüzünde sıcacık bir gülümsemeyle bana baktı. "Bu çok normal bir tepki, alışık olmadığın bir şey yapıyorsun," dedi önce. Sonra da, kıymetini her geçen gün daha fazla anladığım bir şey söyledi, "Ama bazen zihnine komik gelen bir şey bedenine iyi gelebilir, dilersen bir şans daha ver," dedi.

O akşam eve döndüm. Kendi kendimize pratik etmemiz için bize verilen meditasyon CD'sini taktım bilgisayarıma, o zorlandığım "elini kalbinin üstüne koyma"[26] egzersizini açtım. Yoga matımın üstüne oturdum, gözlerimi kapadım ve zihnimin tüm eleştirileriyle birlikte, merakla birlikte, elimi aldım ve yadırgaya yadırgaya kalbimin üstüne koydum.

Meğer egzersiz şöyle devam ediyormuş...

"Şimdi hayal gücünüzden yardım alarak içinde güvende ve rahat hissettiğiniz bir yerde olduğunuzu hayal edin. Belki şöminesi çıtır çıtır yanan sıcak bir oda... Belki bir ağacın gölgesi...

---

26 "Şefkatli Dost" egzersizi "Öz-Şefkatli Farkındalık" programında kullanılıyor olup, Paul Gilbert'tan uyarlanmıştır. P. Gilbert, *The Compassionate Mind*, Londra, Constable. "En Acımasız Ses" başlıklı TEDxBahcesehirUniversity konuşmamda bu egzersiz zaman kısıtlamasından ötürü modifiye edilmiştir.

Güneşli bir sahil veya serin esen rüzgârlar eşliğinde dolaştığınız bir orman olabilir. Doğayla iç içe olduğunuz yemyeşil bir alan. Bulutların üstü gibi hayali bir yer de olabilir... Nerede kendinizi huzurlu ve güvende hissediyorsanız... Burada bir süre zaman geçirerek size verdiği rahatlığın tadını çıkarın. Az sonra siz bu güvenli yerdeyken biri sizi ziyarete gelecek; anlayışlı, sıcak, sevgi dolu biri: şefkatli bir dost. Bilgeliği, cesareti, koşulsuz sevgi ve şefkati bünyesinde barındıran *ideal* bir kişi. Bu kişi tanıdığınız biri olabilir. Hâlâ hayatınızda olan veya geçmişten biri. Belki ailenizden veya yakın çevrenizden biri. Hiç tanımadığınız, şimdi ilk kez hayalinizde canlanan biri de olabilir. Hatta bir insan olmasına bile gerek yok, herhangi bir canlı olabilir bu şefkatli dost. Her kim, her ne olursa olsun şefkatli dostunuz sizi önemsiyor, size çok değer veriyor. Ne hissederseniz hissedin, ne düşünürseniz düşünün, sizi olduğunuz gibi, olduğunuz halinizle, tüm kusurlarınızla **birlikte** kabul ediyor. Hayatınızda neler olduğunu, hayat yolculuğunuzun neresinde olduğunuzu biliyor. Ne kadar korktuğunuzu, üzüldüğünüzü, acı çektiğinizi biliyor ve sizi anlıyor, yargılamıyor. Artık güvende olmanızı, mutlu olmanızı istiyor. Artık daha fazla acı çekmenizi istemiyor. Şefkatli dostunuz, acınıza ortaklık ederken, size bir şeyler söylemek istiyor... Size bir şeyler söylemek için ziyaretinize gelmiş. Ondan ne duymak isterdiniz? Tam olarak şu anda ne duymaya ihtiyacınız var?"

Ailemden, sevdiklerimden, ev bildiğim yerden kilometrelerce uzakta bir şehirde, New York'ta, tek başıma yaşadığım küçücük evimin salonunun ortasında bir yoga matının üstünde hüngür hüngür ağlamaya başladım.

Hayatımda belki de ilk defa kendime ve acıma bu kadar yakındım. Ve içimden yumuşacık bir ses bana "Yanındayım," diyordu, "yanındayım, geçecek. Sen elinden gelenin en iyisini yapıyorsun."

O gün yaşadığım aydınlanmayla pılımı pırtımı toplayıp Hindistan'a yerleştiğimi, bir ağacın altında Nirvana'ya erene kadar meditasyon yaptığımı, hayatımın bir anda nasıl da 180 derece değiştiğini anlatmayacağım. Zira bunların hiçbiri olmadı.

Fakat bir şey değişti o gün. O gün, ben elimi kalbimin üstüne koydum ve kendime normalde söylemediğim şeyleri, başkalarından aylardır, belki de yıllardır duymak istediğim şeyleri kendi kulağıma fısıldadım. Ve duyduklarım kalbimi açtı, kendi kendime söylediğim sözler bende fizyolojik bir reaksiyona sebep oldu. Bunun bilimsel bir açıklaması olmalıydı! İşte o günden sonra, Psikolog Paul Gilbert'ın, Kristen Neff'in ve 2017 senesinde öğretmenim olacağından o yıllarda bihaber olduğum Christopher Germer'ın çalışmaları sayesinde öz-şefkatin bilimsel yönünü araştırmaya başladım. Tehdit ve savunma mekanizmasının yanı sıra bizi hayatta tutan ikinci bir mekanizmanın varlığını da bu sayede keşfettim: Tüm memelilerde var olan, **yatıştırma ve bakım verme mekanizması.**

"Ben Sana Mecburum"[27]

Memeli yavrular bakıma muhtaç doğuyor. Memeli yavrusu, hayatta kalmak için, en azından bir süreliğine annesinin kendisine bakmasına muhtaç. Memeli anneler, yavrularını korumaya, onlara bakım vermeye ve onları yatıştırmaya programlı. Yavrular da yalnızca hayata tutunabilmek için değil, aynı zamanda kendilerini güvende hissetmek için ebeveynleriyle bağ kurmaya yöneliyor.

Hayatta kalmak için en fazla bakıma muhtaç olan memeli yavrusu da insan.

Ve biz insanların, hakkını vererek hayatta kalmak için sütten daha fazlasına ihtiyacımız var. Temasa, bağ kurmaya, sıcaklığa ihtiyacımız var. Biz insanlar için bunlar da oldukça hayati.

Hayatta kalmamıza yardımcı bu ikinci mekanizma devreye girdiğinde sempatik sinir sistemimiz devre dışı kalıyor ve parasempatik sinir sistemimiz devreye giriyor. Sevdiğiniz biri size sarıldığında, bir anne bebeğini emzirdiğinde salgılanan, halk arasında "sevgi hormonu" olarak bilinen oksitosin hormonu salgılanıyor, vücudumuz yatışmaya başlıyor. Kalp atışlarımız

---

27 Attilâ İlhan'ın şiiri.

yavaşlıyor, nefes alıp vermemiz yavaşlıyor, kaslarımız gevşiyor. Aynı zamanda zihnimizde de bir takım değişiklikler olmaya başlıyor, farkındalığımız ve dikkatimiz genişliyor. Böylece olaylara daha geniş bir perspektiften bakabiliyoruz.

Kendimize karşı yaptığımız acımasız eleştiriler tehdit ve savunma mekanizmamızı devreye sokuyor.

Kendimize karşı şefkat göstermemizse yatıştırma ve bakım verme mekanizmamızı devreye sokuyor.

Yatıştırma ve bakım verme mekanizmamızın kapısını üç şey aralar. Bu iyi bir haber çünkü eğer sizin de zihniniz şefkate gitmekte –bilhassa da korkularından ötürü– zorlanırsa bu üç şeyden faydalanarak yatıştırma ve bakım verme mekanizmanızı devreye sokabilir ve bedeninizi şefkate götürebilirsiniz.

Yatıştırıcı bir dokunuş,
fiziksel sıcaklık
ve yumuşak bir ses tonu.[28]

Şefkatli dost egzersizi meğer bu yüzden o kadar güçlü olmuş benim için. Çünkü yatıştırma ve bakım verme mekanizmamın kapısını aralayan o üç şeyin üçü de bir aradaydı.

İşin ilginç yanı, benden istenen sadece elimi kalbimin üzerine koymam ve şefkatli bir dostun ziyaretime geldiğini hayal etmemdi.

---

28 Stellar & D. Keltner, *Compassion. In M. Tugade*, (Editör) L. Shiota, & L. Kirby, *Handbook of Positive Emotion*, Guilford Press, New York, s. 329-341.

Gerisi bana aitti. Kimse bana bir doz şefkat enjekte etmemişti eğitimde. O sözcükler benim içimden dökülmüştü. Anlayış da duyarlılık da kabul de şefkat de benim içimde, temas edebileceğim bir yerdeydi. İçim, şefkatle davranmak ne demek biliyordu.

Üçüncü Kişi: Şefkatli Zeynep

Hikâyemin sonuna gelmeden tanışmanızı istediğim üçüncü bir iç karakter daha var.

Adı Şefkatli Zeynep.

Onunla baş başayken kendimi Başdenetmen veya Çaresiz Zeynep'le olduğumdan çok daha farklı hissediyorum. Şefkatli Zeynep benim biraz daha yaşlı halim gibi. Üzerinde rahat, uçuşan kıyafetler; yüzünde sakin ve bilge bir gülümseme var. O yanımdayken bedenim yumuşuyor sanki, kalbim genişliyor.

Şefkatli Zeynep uzun yıllar var olduğunu bile bilmediğim yanım. Yüzüne ilk kez yüksek lisans yaparken katıldığım o "Öz-Şefkat" atölyesinde baktığım yanım. Yanındayken korunmaya değer olduğumu, değerli olduğumu hatırladığım.

Şefkatli Zeynep, yazı yazmıyor olmamın Başdenetmen'in öne sürdüğü gibi güçsüz, tembel, iradesiz olduğum, mutsuz olmaktan içten içe zevk duyduğum için, aslında yeterince istemediğim için olmadığını biliyor. Hiçbir şeyin bu kadar basit olmadığını biliyor.

Bu gerekçelerin hiçbirinin davranışımı açıklamadığını, yalnızca etiketlediğini biliyor.

Her davranışın bir amacı olduğunu, her davranışın bir ihtiyaçtan kaynaklandığını biliyor.

Şefkatli Zeynep, yazı yazmamayı her seçişimde, Çaresiz Zeynep'in rezil olma, başaramama korkularının, Başdenetmen'in gelecek kaygılarının kısa bir süreliğine dindiğinin farkında.

Yazı yazmama davranışımın tek sonucu kendimi kötü hissetmem değil, başka sonuçları da var. Tek sonuç kendimi kötü hissetmem olsaydı zaten yazı yazmama davranışında bulunmayı çoktan bırakırdım, çünkü kimse kendini kötü hissetmek istemez. Hiç kimse kendine kasten zarar vermez. Her birimiz içgüdüsel olarak kendimizi korumaya programlıyız. Yalnızca biz insanlar değil, her canlı kendini korumaya, hayatta kalmaya programlıdır. Tek hücreli bir canlı olan amip bile, yemeğe doğru yaklaşır, ona zarar verme potansiyeli olan sülfürik asit gibi, yüksek asitli veya alkali su gibi uyaranlardan, parlak ışıklardan kaçar.

Yazı yazmama davranışımın belli ki daha kısa vadeli ama davranışımı tekrarlamam konusunda daha etkili başka sonuçları da var. Şefkatli Zeynep, o diğer sonuçları görebilecek bilgelikte.

Kendime, "Yarın yaparım," dediğimde kısacık bir an sessizlik oluyor. Zihnimi huzurlu bir sessizlik kaplıyor. Bir an için bile olsa rahatlıyorum.

Yazı yazmama davranışımı, içimdeki gerginlikten kurtulmanın verdiği rahatlama takip ediyor. Uzun vadede ertelediğim için kendimi kötü hissetsem de, kısa vadede anlık ya da 10 saniyelik bile olsa bir rahatlama yaşıyorum. Ve bu anlık rahatlama yazı yazmama davranışımı ileride de tekrar etmem için bir zemin hazırlıyor.

Şefkatli tarafım, içimdeki çaresiz tarafın rahatlama ihtiyacını anladığı gibi, içimdeki acımasız eleştirel sesin de beni korumaya, güvende ve hayatta tutmaya çabaladığını görüyor.

Çünkü tıpkı çaresiz yanımızın korktuğu gibi zihnimizin içindeki eleştirel ses de korkuyor. Bizim hata yapmamızdan, başarısız olmamızdan, acı çekmemizden korkuyor. O yüzden de cezamızı çekelim istiyor ki bir daha aynı hatayı yapmayalım. Öyle korkalım ki bir dahaki sefere daha temkinli davranalım da aynı acıları yaşamayalım. Tüm kusurlarımızı, tüm eksiklerimizi, hatalarımızı herkesten önce o bulsun ki başkaları bizim canımızı acıtamasın. Hazırlıksız yakalanmayalım.

Tüm bunları bildiğinden, şefkatli tarafım, tüm kargaşanın içinde sakin kalıyor. Bunun benim bir şeylerle başa çıkma yolum, kendimi kollayış şeklim olduğunu biliyor. Biliyor ki artık işlevsel olmasa bile tüm çabalarım anlayışı hak ediyor.

Şefkatli tarafım, zaman zaman yanlış seçimlerde bulunmanın, hata yapmanın, kusurlu olmanın ne kadar insani olduğunu biliyor. Bu nedenle beni yargılamıyor, utandırmıyor.

Pohpohlamıyor da. Dürüst. Dürüst ve şefkatli. Bana anlayışla, incelikle, hassasiyetle, şefkatle yaklaşmasına rağmen tüm davranışlarıma göz yuman bir tavır içinde değil. Nazikçe, sevgi dolu bir tutumla bana, kendi değerlerimle örtüşen yolu gösteriyor. Beni, bana uzun vadede en iyi gelecek olan davranışı seçmem için motive ediyor.

Ben kanepede oturmuş televizyon izlerken yanıma geliyor ve "Biliyorum şu an korkuyorsun. Öğrendiklerini, bildiklerini, hayatında işine yarayanları bu kitaba aktarmanın senin için ne kadar önemli olduğunu biliyorum. Güzel bir iş çıkarmak istediğini biliyorum. Eğer yaptığın şeye bunca değer vermeseydin bu denli zor gelmezdi. Gel, bi' yirmi dakika yazı yazalım, sonra ara verir, televizyon izlemeye devam edersin istersen. Korkuyu da yanımıza alıp bir adım atalım," diyor. Bu halimle kabul edilemez olduğum için değil, benim için en iyisini istediği için harekete geçmemi; benim için en iyisini istediği için bu değişikliği yapmamı istiyor.

Şefkatli Zeynep'in özünü şu cümle ifade ediyor: *Seni seviyorum ve artık acı çekmeni istemiyorum. Bu yüzden sana yardım etmek için buradayım.* Bu, Başdenetmen'in "Yapmazsan şu şu şu olur" diye korkuyla motive eden buyurgan tavrından çok daha şefkatli ve cesaretlendirici.

Şefkatli Zeynep, her an tetikte olan o içimdeki çatık kaşlı, sabırsız, yüksek beklentili Başdenetmen'den çok farklı. Şefkatli

Zeynep, acıma, üzüntüme, endişelerime, korkularıma duyarlı. Zor bir zamandan geçtiğimin farkında. Acı veren hiçbir duygudan kaçmıyor çünkü her duygunun bir vadesi olduğunu biliyor. Hem bana hem de acıma şefkatle yaklaşıyor. Kendimi destekleyecek gücüm yokken bana destek oluyor. Beni korkuyla değil, nezaketle motive ediyor. Her canlı gibi, benim de bedenim ve zihnim şefkate yanıt veriyor. Onun yanında ben de güç topluyorum, cesaretleniyorum.

Eğer Siz de Öz-Şefkate Bir Şans Vermek İsterseniz...

Belki siz de zor bir zamandan geçiyorsunuz.

Belki sizin de benim gibi bitirmeniz gereken bir yazı, bir ödev, kapatmanız gereken bir hesap var. Uzun zamandır ertelediğiniz bir iş var.

Belki de bir davranışın size ne kadar zarar verdiğini fark ettiniz ve farklı şekilde davranmak istiyor fakat bir türlü "beceremiyorsunuz".

Belki bedeninizi dilediğiniz gibi kullanamıyorsunuz.

Belki içinde bulunduğunuz ortam size hiç mi hiç iyi gelmiyor artık, biliyorsunuz ama içinden çıkabilecek imkânınız yok.

Belki de çok sevdiğiniz biriyle vedalaşmak zorunda kaldınız. Artık bu hikâyeye daha farklı biri olarak devam edeceksiniz.

Belki bu aralar siz de zor bir zamandan geçiyorsunuz...

Acı, ağrı, hayal kırıklığı, üzüntü, özlem sık sık ziyaretinize geliyor. Kendinizi çoğu zaman başarısız, güçsüz hissediyor; hiç düzelmeyeceğini, buradan sonrasının artık hep yokuş aşağı olduğu düşünceleri yapışıp kalıyor zihninize.

Oysa ne hissettiklerimiz ne de düşüncelerimiz bizim elimizde.

Aklımızdan geçenler ve bedenimize yansımaları bizim suçumuz değil.

İnsan olmak böyle bir şey.

Bir yerlerden, çok eskilerden, büyüdüğümüz ortamdakilerin davranışlarından öğrendik bazı durumlarda kendimizi tehdit altında hissetmeyi, bazı insanların etrafında rahatsız olmayı, bazı meselelere çok kafa yormayı, başarı kotamızı çok yukarılara koymayı, bize bizim onlara baktığınız gibi bakmayacak insanları hayatımıza almayı, değersiz olduğumuza inanmayı... Kendimizle böylesine acımasızca konuşmayı.

Oysa içimizde ne yapmanız gerektiğini, bunun da geçeceğini bilen bir taraf var. Ve aslında her birimiz şefkat vermeyi sandığımızdan çok daha iyi biliyoruz. Sevdiğimiz bir dostumuz, annemiz-babamız, evladımız, yardıma muhtaç bir hayvan, küçük bir çocuk acı içindeyken ona nasıl yaklaşmamız gerektiğini biliyoruz.

İçimizdeki bu kaynakları kendimiz için de kullanabiliriz. Siz de öz-şefkate bir şans vermek isterseniz, bir dahaki sefer acı ziyaretinize geldiğinde, acıdan kaçmak, acı çektiğiniz için kendinize kızmak veya kendinizde hata aramak yerine, acınıza yüzünüzü dönüp kendinize, "Şu an acı çekiyorum, böylesine zor bir anda kendime nasıl yardım edebilirim?" diye sorabilirsiniz.

Bu soru yumuşak olduğu kadar da cesurcadır da çünkü zor duyguların varlığını kabul etmek, onlara yer açıp, onlarla beraber harekete geçebilmek cesaret gerektirir.

Öz-şefkat, hem nezaket hem cesarettir.

Öz-şefkat herkesin acı çektiği bu hayatta, kendimize destek çıkmak demektir. Kendi elimizden tutup, sevdiğimiz birine gösterdiğimiz hassasiyeti, anlayışı ve kabulü kendimize de göstermek demektir.

Dilerim hayat bize adil davranmadığında, biz kendimize adil davranırız. Çünkü elimizde olmayan onca şeye rağmen, kendimize nasıl davranacağımız kendi elimizde. Bizim elimizde acıyan yerlerimize nasıl bakacağımız.

Dilerim ki, acımız geçene, dinene kadar, acele etmeden, her şeyin bir zamanı olduğuna güvenerek kendimize destek olur, iyi bakarız bundan böyle... Şefkatle.

BÖLÜM V

YAŞAMAYA DEĞER BİR HAYAT

"Bir balona şekil veren hava gibi, benim de hayatıma şekil verecek bir şeye gereksinimim var."

Aslı Erdoğan

New York'taki yüksek lisans eğitimim sırasında devlet tarafından fonlanan bir klinikte staj imkânı bulmuş ve hayatımda ilk defa danışan görmeye başlamıştım. Stajyerliğin önkoşullarından biri "Anormal Psikoloji" dersini almaktı. Bu derste *Psikolojik Rahatsızlıklar İçin Tanı ve İstatistik El Kitabı*'ndaki (DSM) tüm hastalıkları ezbere bilmem gerekiyordu. Yeni işime, insanlarda "anormal" olan şeyleri görebilmek ve onlara yardımcı olmak için ihtiyaç duyabileceğime inandığım her tür araç ve bilgiyle donanarak başlamıştım. Tüm stajyerler için düzenlenen yönlendirme toplantısında, hepimizin eline PHQ-9 ve PHQ-4 adında iki test tutuşturdular; danışanlarımıza doldurtup depresyon ve kaygı seviyelerini ölçmemize yarayan testlerdi bunlar. Bize öğretilene göre, eğer ki bize danışmaya gelen kişiler altıncı, bilemedin yedinci seansımızdan sonra bu ölçeklerden ilk görüşmeye kıyasla daha düşük bir puan alırlarsa, doğru yolda olduğumuzu anlayabilirdik.

İşte böyle, görevimin bozulup kırılmış olanı tamir etmek olduğu inancıyla başlamıştım staja. Oysa, akla gelebilecek her tür zorluğu göğüslemiş insanların, karmaşık ve çok katmanlı insanların hikâyeleriyle kırılıp açılan benim kalbim olacaktı. Henüz bilmiyordum...

Testler, danışanların iyileşmelerini savunmak için kullanılıyordu. Fakat danışanlarımın bazılarının depresyon ve kaygı puanlarındaki düşüşe rağmen, bana verilen alet çantasında bir şeylerin eksik olduğunu hissetmem çok zamanımı almadı. İnsanların bir anketten üretilen bir sayıya nasıl indirgenebileceği zaten en başından beri zihnimi kemirip duran bir soruydu.

Herhangi bir ücret talep etmeden psikoterapi hizmeti verdiğimiz kliniğe genellikle üst üste travmalar atlatmış evsiz bireyler başvuruyordu. Bazıları küçük yaşta ihmal edilmiş veya terk edilmişti; bazıları ise çoğunlukla aile bireylerince istismara veya tecavüze uğramıştı. Bazılarının ailelerin gelirleri yoksulluk sınırındaydı, doğru düzgün beslenememiş, iyi bir eğitim alamamışlardı. Bazıları ise üniversite mezunu, bir dönem oldukça iyi işlerde çalışmış fakat çözümlenememiş bir travmayla veya bir psikolojik sorunla baş edemeyince uyuşturucu ve alkole sarılmış;

paralarını, mesleklerini, itibarlarını kısaca ellerindeki her şeyi kaybetmişlerdi. Onları kıvrandıran bu duygusal acıyı uyuşturabilmek umuduyla, bulabildikleri her türlü baş etme mekanizmasına sıkı sıkıya tutunmuşlardı.

Kısa sürede çok yorulmuş ve yıpranmıştım. Tıkanmıştım. Neyse ki bize yol gösteren birileri vardı. Stajyer olduğumuz için danışanlarımızla bize yol gösteren uzmanların (süpervizörlerin) denetiminde görüşüyorduk. Birkaç aydır beraber çalıştığım süpervizörüm yıllık iznine çıktığı için geçici bir süreliğine başka bir süpervizör atanmıştı vakalarımı incelemeye. İlk görüşmemiz için odasına girdiğim an burnuma gelen lavanta kokusunu hâlâ alabiliyorum. Çekinerek, "Sanırım ben bu meslek için iyi bir aday değilim," dedim. Beni sözüme devam etmeye yüreklendiren bir tebessüm etti. "Çok etkileniyorum. Uykularım kaçacak kadar! Hiçbir şey yapamıyorum. Çok çabalıyorum ama hiçbir şey yapamıyorum! Hiçbir sonuç alamıyorum..."

Oturduğu koltuktan bana doğru eğildi, önce derin bir nefes aldı ve sonra o sakin ses tonuyla, "İlk zamanlar hep böyledir. Mücadele gibi gelir. Biraz zaman ver kendine, kurtarıcı kimliğini bir yana bırakmayı zamanla öğreneceksin. Acının ne kadar önemli bir öğretmen olduğunu o zaman göreceksin," dedi. "İnsan değer verdiği yerlerden kanar."

İşimizin insanları acılarından kurtarmaya çalışmak olduğunu düşünen ben için, süpervizörümün bu dedikleri bir ihtilal niteliğindeydi. Görüşmemizin bitmesine yakın, kütüphanesine yöneldi ve en üst raftan bir kitap çıkarttı. "Bu kitap bana çok yardımcı olmuştu. Dilerim sana da olur," diyerek bana okumam için ödünç verdi. Kitap Humanistik Psikoterapi'nin babası olarak bilinen Carl Rogers'a aitti. Öğle arasında sayfalara göz gezdirirken, altı birçok kez farklı renkte kalemlerle çizilmiş bir paragraf gözüme iliști:

"Eğer izin verirseniz insanlar da bir günbatımı kadar harika olabilir. Ben güneşin batışını izlerken kendi kendime 'Şu sağ köşedeki turunculuğu azaltalım' demiyorum. Gözlerimin önüne serilişini hayranlıkla izlemekle yetiniyorum."[29]

Süpervizörümle konuşmamızı harikulade bir benzetmeyle özetlemişti Rogers.

Her hafta karşıma oturan insanlar, tahayyül edemeyeceğim kadar çok acı çekmişlerdi. Hayattan vazgeçmek, artık pes etmek için her tür gerekçeleri mevcuttu... Oysa hâlâ buradaydılar, yaşıyorlardı, yaşama tutunmak için ne gerekirse yapmaya çabalıyorlardı. Çoğu, randevularımızı aksatmıyordu. Geçici olarak kaldıkları barınak ne kadar uzakta olursa olsun, her hafta randevu saatinde kliniğe geliyorlardı. Bu denli çetin koşullarda bile çabalamaktan vazgeçmeyen bu insanlara hayran kalmıştım. Benden beklenen, onlarla depresyonları, kaygıları üzerine konuşmamdı. Sormam beklenen soruların neredeyse

---

29 Carl Rogers, *Kişi Olmaya Dair,* Okuyan Us Yayınevi, 2011.

tamamı, onları kaygılı veya depresif kılan unsurlar üzerineydi. Eksiklikleri üzerineydi. Hastalıkları üzerineydi. Benden onarmam bekleniyordu, hayran olmam değil. Oysa ben, onları her sabah yataktan çıkaran, yeni günün getirdikleriyle yüzleştiren şeyin ne olduğunu merak ediyordum.

Ezberimi bozmaya böylece karar verdim. Hastalıklarla, anormalliklerle, "rasyonel" olmayan düşüncelerle meşgul kitabi sorular sormaktansa, esasında riskli olan şu soruyu sormaya başladım:

"Sizi hayata bağlayan nedir?"

Bu soruyu ilk defa, on üç yaşından beri dönem dönem sokaklarda yaşamış, birden fazla psikolojik tanıyla mücadele eden altmışlı yaşlarda bir kadın danışanıma sordum. Aniden duraksayıp arkasına yaslandı. Bir süre hiçbir şey söylemedi. Sonra gözleri doldu ve çenesi hafifçe titremeye başladı. O an içimi bir endişe kapladı. *Acaba haddimi mi aştım? Belki de bu konuya girmem hataydı...*

Ama o devam etti. "Bir ailem var," dedi, "minicik bebeğimiz var, geçen sene ilk defa bir torunumun kızı oldu. Henüz tanışamadık."

Sonra, bir süre sessizce oturduk.

Şimdi gözlerinde, daha önce hiç görmediğim bir parıltı vardı.

"Kendimi toparlayıp onu görmem lazım," dedi. "Onu kucağıma aldığımda kendimde olmak istiyorum."

Acaba nasıl bir anneanne olmak istiyordu...

Bu deneyimin ardından, süpervizörümün de desteğini alarak, sorumu uygun gördüğümüz diğer danışanlarıma da sormaya başladım.

"Sizi hayata bağlayan nedir?"

Defalarca, ta içlerinde, derinlerde bir yerde zayıf da olsa parıldayan o ışıkla, onlara yaşama gücü veren o ufak ateşle temas eden danışanlarımın yüzlerinin –bir anlığına bile olsa– değiştiğine şahit oldum. Ailelerinden, çocuklarından, inançlarından bahsettiler. Nasıl bir insan olmak istediklerinden... Hayalleri dile geldi. O anlarda sanki ıstırapları bir kenara çekilip yerini daha derin bir şeye bıraktı. Onca acının altında gizli kalmış olsa da hayatlarına anlam katan bir şeyler vardı, kendileri için nelerin önemli olduğunu biliyorlardı. Onları bu yaşama bağlı tutan değerleri vardı.

Gerçi her birinin değer verdiği şeyleri belirlemek, burada yazıldığı kadar kolay olmuyordu. Her şeyin çok anlamsız geldiğini, yaşamak için hiçbir sebebi olmadığını, boşuna yaşadığını hissettiğini söyleyen danışanlarım da oldu. Birlikte biraz daha derinlere inmemiz gereken danışanlarım... Böyle zamanlarda bana kahramanlarından bahsetmelerini rica ediyordum. Gerçek veya hayali, belki çocukluktan kalma kahramanlarından. Kahramanlarını seçtiklerinde, bu kişinin *neden* onların kahramanı olduğuna dair sorular soruyordum.

"Farz edin ki bende sihirli bir hap var ve bu hap size kahramanınızın hayran olduğunuz özelliklerini kazandırabilir. Bu özelliklerden bir doz almış olsanız, önümüzdeki iki ayınız nasıl geçerdi? Neleri farklı yapardınız? Hayatınızda olan zorlukların ve engellerin karşısında tutumunuz nasıl olurdu?"

Kendisini değerli bulmayan, hiçbir işe yaramadığından, hiçbir şeye layık olmadığından bahsedenlere ise, şöyle bir versiyon sunuyordum:

"Diyelim ki bir mucize oldu ve artık her şey mümkün. Her şey! Ve artık birilerinin hayatında fark yaratabilirsiniz. Kimin hayatında fark yaratmak isterdiniz? Nasıl bir fark yaratmak isterdiniz?"

Sonra arkama yaslanıyor, kendi derinlerine dalan bu insanların, onlara yaşama devam etme gücü veren o ışığın aydınlığıyla tekrar yüzeye çıkışlarını seyrediyordum.

Aslında fark etmeden, "Kabul ve Kararlılık Terapisi"nin[30] merkezinde yer alan "Değerler Çalışması"ydı yaptığım. Yüksek lisansımın ilk senesinde "Psikoterapi Kuramları" dersimizde üzerinde yalnızca yarım saat durduğumuz bir ekoldü Kabul ve Kararlılık Terapisi. Bir stajyer psikolog olarak insanları hayatlarında değer verdikleri şeyle temas ettirmekten daha ileri götürecek teknikler donanımına henüz sahip değildim. Yine de,

---

30 "Acceptance and Commitment Therapy." Türkçeye bazı kaynaklarda "Kabul ve Adanmışlık Terapisi" olarak da çevrilmiştir.

içgüdüsel olarak hem danışanlarımı hem de beni farklı bir yöne götürecek ve işimize taze bir nefes olacak bir şey bulmuştum.

Semptomları azaltmak yeterli değildi. Zira bazı danışanlarımın PHQ-9 testi ile ölçülen depresyon puanı azalsa bile gözlerinde yaşamsal bir pırıltı göremiyordum. Zaman içinde, süpervizörümün de desteğiyle "Kabul ve Kararlılık Terapisi" yaklaşımını, özellikle de "Değerler Çalışmasını" psikoterapi anlayışımın temeline yerleştirdikçe, odak noktam semptomları azaltmanın ötesine geçip, danışanlarımın değerleri doğrultusunda daha anlamlı bir yaşam sürmelerine yardım etmek haline geldi. Artık amacım insanların istemedikleri, onlara rahatsızlık ve acı veren duygularını, düşüncelerini, fiziksel duyumlarını azaltmalarına yardımcı olmak değildi. Amacım, onların hayat karşısındaki esnekliğini ve değerleriyle paralel olarak attıkları adımları artırmalarında onlara destek olmaktı.

Değerler Nedir?

Değerler tabirini kullandığımda çoğu zaman insanların ilk aklına gelen büyüdükleri ailenin, içinde bulundukları çevrenin, mensubu oldukları dinin, ait oldukları toplumun değerleri oluyor. Değerler sıklıkla *ahlaki doğrularla* karıştırılıyor. Oysa, burada ifade etmek istediğim *değerler* bizim alışık olduğumuzdan biraz daha farklı bir anlam taşıyor.

Burada konu insanların, hatta toplumun genelinin sizin yaşam biçiminize dair düşündükleri değil. Asıl konu, size neyin hayat verdiği. Ve sizin bunlar doğrultusunda yaşayıp yaşamadığınız.

Değerler doğrultusunda bir yaşam inşa etme süreci hayli kişisel bir yolculuktur. Sizin için hangi değerlerin önemli olduğunu sade ve sadece siz bilebilirsiniz.

Değerler, yaşamımızın nasıl olmasını istediğimizi, bizim için en temelde nelerin önemli olduğunu gösteren büyük resimdir. Değerler, yaşamımız için seçtiğimiz ana istikamettir. Yaşamımıza anlam katan özelliklerdir.

Değerlerimizi, hayatımızı yaşarken bize yön vermesi için tespit ederiz. Onları, bizim için neyin önemli olduğunu hatırlatmaları için seçeriz. Farkındalığımızı nefesimize verdiğimiz nefes meditasyonunda olduğu gibi amacımız odağımızı her an nefesimizin üzerinde tutmak değildir, keza böyle bir şey uçuşmayı seven insan zihni için pek mümkün de değildir. Eğer bir amaç varsa, o da nefesimize tekrar tekrar *geri dönmek*tir. Zihnimizin dağıldığını, başka yerlere kaydığını fark ettiğimiz anlarda, farkındalığımızı nezaketle yeniden nefesimize yönlendirmek ve "nefes aldığımızı fark ederek nefes almaya devam etmek..." Değerlerimiz doğrultusunda bir yaşam sürmek de böyledir. Hayatımızın seyretmesini istediğimiz bir istikamet belirlemek ve o yönde ilerlemektir. Yoldan saptığımızı fark ettiğimizde de –ki bu öyle veya böyle kaçınılmazdır– direksiyonu tekrar başta belirlediğimiz yöne doğru kırmaktır.

Yönümüzü bulmak bir referans, bir kerteriz noktası gerektirir. Sabit bir nokta: Kutupyıldızı gibi. Kutupyıldızı *yönünde* ilerlememiz yıldıza erişmek için değil, seçtiğimiz rotayı koruyabilmek için bize rehberlik etmesi içindir.

"Gitmenin Varmakla Bir İlgisi Yok"[31]

Devam etmeden önce size birkaç sorum olacak. Yanıtlamak için aceleci davranmayın. Soruların içinde biraz zaman geçirin, beliren cevapları duymak için kendinize izin verin:

Sizin için neler önemli?

Bu yaşamdaki kısıtlı zamanınızda ne yapmak istiyorsunuz?

Sizi nasıl bilsinler istiyorsunuz?

...

Yüzeye çıkan yanıtlar içinde belki *başarılı olmak* var. *Sağlıklı olmak* var. Daha *öz-güvenli olmak* var. Kim bilir belki de *zengin olmak, ünlü olmak, insanlardan saygı görmek* var. *Ruheşinizi bulup bir yuva kurmak* var.

Belki de sadece *mutlu olmak* var, en basitinden.

Mutlu biri olarak bilinmeyi istemek var.

---

31 Ali Salehi'nin sözü.

Ve tüm bunların sizin için önemli oluşu çok insani, bir o kadar da geçerli.

Lakin hepsi biraz hileli.

Bu yanıtlar birbirlerinden farklı görünse de aslında çok mühim bir ortak noktaları var: Hepsinde **hedeflerimizden** bahsediyoruz.

Ulaşırsak daha iyi bir hayatı mümkün kılacağına inandığımız hedeflerden.

Mutlu olmak bir hedeftir.

Sağlıklı olmak bir hedeftir.

Başarılı olmak bir hedeftir.

Ruh eşini bulmak; (daha) zengin, (daha) ünlü, (daha) zayıf olmak...

Hepsi birer hedeftir.

Hedef, sahip olmak, elde etmek istediğimiz bir şeydir.

Tamamlayıp üzerini çizebileceğimiz, tüketebileceğimiz şeylerdir.

Kuşkusuz çok da gereklidirler. Çoğu zaman hedeflerimiz sayesinde harekete geçer, hedeflerimiz sayesinde motivasyonumuzu korur, hedeflerimiz sayesinde kendimizde sabah yataktan kalkacak gücü buluruz.

Hedefler, sonuç odaklıdır. Kendimize bir hedef koyduğumuzda, ulaşmak istediğimiz bir noktayı tanımlarız. Ulaşıp ulaşamadığımızı anlamak için de davranışlarımızın **sonuçlarına** bakarız.

Zaman zaman aksine inandığımızı düşündürebilecek beklentiler içine girsek de hepimiz aslında gerçeği biliriz: Davranışlarımızın nasıl sonuçlanacağının, nelere sahip olacağımızın, diğer insanların ne düşünüp, ne konuşup, ne seçim yapacaklarının kontrolü tamamen bizim elimizde değildir.

Hedeflerin aksine değerler, belli sonuçlara, özellikle de kontrolü elimizde olmayanlara, bağlı değildir. Değerler daha ziyade, davranışlarımıza yön veren özelliklerdir. Elde edilemez, tamamlanamaz, tüketilemezler. Üzerleri çizilemez. Varılacak noktalar değildirler. Tıpkı ne kadar kuzeye gidersek gidelim, Kuzey'e varamayacağımız gibi. Bu nedenle de değerler, hedeflerin aksine, sonuçla değil süreçle alakalıdır.

Yaşamımızda birer değer görevi görebilecek tutumlar arasında dürüstlük, yardımseverlik, maceraperestlik, otantiklik, açık görüşlülük, kişisel gelişim, bedenine –dolayısıyla da sağlığına– iyi bakma, kendine ve başkalarına karşı şefkatli, nazik ve sevgi dolu davranma; kontrolümüz dışındaki şeylere verdiğimiz tepkilerde esnek davranma; adil davranma; eğlence, sadakat, özgürlük gibi davranışlarımıza yansıtmak istediğimiz özellikler sayılabilir.

Evlenip yuva kurmak bir hedeftir. Anlayışlı bir eş olmak ise değer.

Okulu bitirmek bir hedeftir. Öğrenmeye açık olmak ise değer.

Terfi etmek bir hedeftir. Çalışkan olmak ise bir değer.

Değerlerini belirlemesi istenen pek çok insanın hedeflerini sıralaması şaşırtıcı değil. Bizler, bizi hedef odaklı olmaya yönlendiren bir dönemde yaşıyoruz. Sürece önem vermek çoğumuza yabancı. Çoğumuz daha çok sonuç odaklıyız; kendimizi daha iyi hissetmeye, daha iyi görünmeye, daha fazla kazanmaya odaklayız. Bizlere *yapılacaklar listemizdeki* maddeleri tamamlarsak daha iyi bir hayatımızın olacağı öğretiliyor. Hayatımızı çocukluktan miras bu düstur doğrultusunda sürdürüyoruz.

Masallar biteviye "...ve sonsuza dek mutlu yaşadılar..." diye sonlanır. Mutluluğun sürdürülebilir bir hal olabileceği düşüncesinin kökeni bu kadar eskiye dayanır. O zamandan başlarız mutluluğu hedef belirlemeye. Alaaddin'in cini, serbest kaldığında ilk önce, "Dile benden ne dilersen!" der. Ve biz de öğrendiğimizi yapar, çoğunlukla sonucu bizden bağımsız bir dolu faktöre bağlı olan şeyler dileriz. Mutluluk, başarı, sağlık, para, aşk... Arzu ettiklerimiz, bazı davranışlar, bazı adımlar, bazı olaylar **sonucunda** sahip olabilme ihtimalimiz kadar sahip olamama ihtimalimizin de olduğu şeylerdir. Hedeflerimize ulaşamadığımız her günün çabucak bitmesini istemeyi öğreniriz, "yatarız kalkarız, yatarız kalkarız" ve istediğimizin olmasını bekleriz. Böyle böyle şu anı hor görmeye, süreci ise görmezden gelmeye başlarız.

Okuldan eve iyi not getirdiğimiz zaman "Aferin!"imizi alırız. Bize bakım verenlere göre üniversiteye gitmek, meslek sahibi olmak, para kazanmak için ders çalışmamız gerekir. Tüm bunların bize nasıl bir tatmin getireceğinin bahsi çok nadir geçer. Ders çalışmayı zevkli hale getirmek için başvurulan yöntemler bile sonuç odaklıdır. "Çalışırsan şunu alırım", "Başarırsan bunu kazanırsın" der büyükler. Sıklıkla da, *boş boş işler* yapmamamamız, bir amacımızın olması gerektiği hatırlatılır. Üstelik yalnızca ebeveynlerimiz ve bize bakım verenler değildir bir amacımız, bir hedefimiz olması gerektiğini söyleyen. İş mülakatlarında da, en sık sorulan sorulardan biri, kendimizi bundan beş sene sonra nerede gördüğümüzdür. Beş sene sonranın planını yapmamış, o zaman nerede olacağını kestiremeyenlerin yanına pek olumlu olmayan bir işaret çizilir.

Ne kadar çok hedefimiz varsa o kadar çok takdir ediliriz.

Böylece sonuç odaklılığımız pekiştirilir.

Hal böyle olunca, ister istemez daha iyi bir hayat için cevabı hedeflerde aramaya başlarız. Hedeflerimize ulaşmanın sonucunda hayatımızın daha zengin, daha anlamlı, daha iyi olacağına inanırız. Halbuki izlediğimiz bu yolun dili hayal kırıklıkları getirir. Bir hedefe erişmek genellikle ancak geçici bir tatmin sağlıyor: Başarılı olan kişi, başarısının hemen ardından sudan çıkmış balık gibi kalakalıyor. Çok geçmeden "Ee şimdi ne olacak" diye düşünmeye başlayarak dertleniyor; "Sırada ne var?" girdabına giriyor.

Belki de bu yüzden birçoğumuz hayattan tatmin alamamamızı ya hedeflerimizin olmayışına, artık hedefimizin kalmayışına ya da ulaşılamamış veya ulaşılamayacak olmasına bağlıyoruz.

Halbuki sahip olmak, elde etmek, ulaşmak istediğimiz hedefleri bilmek hatta onlara doğru adımlar atmak, hayatımızı anlamlı kılmak için yeterli değil.

Hedefler, gereklidir fakat yeterli değil.

Davranışlarımız, değerlerimizle paralel olduğunda anlam kazanır.

II. Dünya Savaşı sırasında Nazi toplama kamplarında hapis kalan Avusturyalı psikiyatrist Viktor Frankl, çevresindekilerin ve kendisinin çektiği onca acıya rağmen yaşamının anlamını bulma yolculuğunu anlattığı *İnsanın Anlam Arayışı* kitabında şöyle yazar:

"İnsandan her şeyi alabilirsiniz ama bir şeyi asla alamazsınız, bu bir insanın elinde kalacak son özgürlüktür, belirli şartlar altında nasıl bir tutum takınacağını seçme özgürlüğünü, kişinin kendi yolunu seçme hürriyetini ondan asla alamazsınız."[32]

Başka bir deyişle, değerlerinizin ne olduğunu bildiğinizde, artık sonsuza kadar size ait olur. Yaşam koşullarınız ne olursa olsun, kimse onları sizden alamaz. Öyle ki, *insan, onurunu*

32 Viktor E. Frankl, *Man's Search for Meaning: An Introduction to Logotherapy*, Simon & Schuster, New York 1984, s. 65. Kitabın Türkçe çevirisi *İnsanın Anlam Arayışı* olup Okuyan Us Yayınları tarafından 2009'da yayımlanmıştır.

bir toplama kampında bile koruyabilir.[33] Korku hissederken de cesurca davranabilir. Değerler, bir çırpıda değişebilecek koşullar karşısında bile kolay kolay değişmeyen istikrarlı ve kalıcı tutumlardır.

Değerlerimiz, ömür boyu, günbegün, anbean kullanabileceğimiz bir yapı veya bir iskelet görevi görür. O iskelete hedeflerimizi –gündelik yaşamımızın, onu etten ve kastan bir vücuda dönüştüren parçalarını– asabiliriz. Değerlerimiz hep bizimle kalır, bize her daim yön gösterir. Değerlerimiz, an içerisinde yaşanır. Hedeflerimiz ise daha ziyade gelecek odaklı ve bir yandan gözlerimizi gelecekteki belirli bir noktaya dikip ilerlerken diğer yandan da gündelik yaşantımızda değerlerimizi yaşayabilmemize yardımcı olur.

Kendimden örnek vereyim: Biri bana bu satırları ne amaçla yazdığımı sorsaydı, kitap çıkarmak için olduğunu söylerdim. Hedefimin başarılı bir yazar olmak olduğundan bahseder, bunun için de bu kitabı çıkarmanın benim için önemli olduğunu vurgulardım.

Fakat alacağım tatmini yalnızca hedeflerime bağlamak havaleli. Çünkü ben nasıl yazarsam yazayım, ne kadar emek sarf edersem edeyim, kimlere editörlük yaptırırsam yaptırayım kitabımı yayımlatamama ihtimalim var, öyle değil mi? Hatta çeşitli sebeplerden, ben diyeyim sağlık, siz deyin iş saatleri,

---

33 age. s. 66.

kitabı bitirememe ihtimalim bile var. Hadi diyelim bitirdim ve hatta yayınlatacak bir yayınevi ile anlaştım, yeterince satmama ihtimali var. İlk baskısını bile bitirememe ihtimali var... İlk baskıyı bitirse ikinci baskıya girmeme ihtimali var... Var da var. Demem o ki: Hedef(ler)imin gerçekleşmesi benim kontrolümde olmayan bir dolu şeye bağlı. "Başarılı olmayı" veya kontrolü elimizde olmayan duygulardan birini –mesela *mutlu hissetmeyi*– varış noktası belirlemek, hedeflere bu denli önem atfetmek de aynı sebepten hayal kırıklığına davetiye çıkarmak olur: Bizler yalnızca yaptıklarımızı kontrol edebiliriz, yaptıklarımızın doğuracağı sonuçlar tamamen elimizde değildir.

Değerlerimiz doğrultusunda adımlar atmak bazen bizi başarıya götürebilir veya bizi mutlu edebilir. Değerler doğrultusunda yaşamak, bazen insanın canını acıtabilir. Rahatsızlık veren duygu ve düşünceleri tetikleyebilir. Örneğin insanı korkutabilir. Kitabı yazma sürecinde yüzeye sıklıkla çıkan "Ya beğenilmezse?", "Ya kendimi düzgün ifade edemezsem?", "Sanırım kötü yazıyorum..." gibi düşüncelerin beni korkuttuğu gibi. Ama benim, *korktuğum halde yürümek için nedenlerim var.*[34]

Aşağıda korkuyla birlikte yürümek için bir dizi güzel soru var (üstelik hemen hemen her mevzuya uyarlanabilir):

Bu kitabı nasıl yazmak istiyorum?

Bu işi nasıl yapmak istiyorum?

Yazarken hangi tutumları sergilemek istiyorum?

---

34 Aliya İzzetbegoviç'in sözü.

Kendime bu yolculukta nasıl davranmak istiyorum?

Herhangi bir zorlukla karşılaştığım zaman nasıl bir tavır takınmak istiyorum?

Bu yaptığım benim hangi değerimi besliyor?

Bu sorular sonuç değil, süreç odaklı.

Cevapları, kitabı yayımlanmış başarılı bir yazar olma hedeflerimin ötesinde, bu hedefleri de kapsayan değerlerime ışık tutuyor.

Mesela bir zorlukla karşılaştığımda kendime karşı anlayışlı olmak istiyorum.

Bu kitabı yazmak benim yardımseverlik ve yaratıcılık değerlerime tekabül ediyor.

Değerlerimle temas etmek, elime kalemi kâğıdı aldığım anları daha anlamlı kılıyor.

Anlayışlı olmak, yardımseverlik ve yaratıcılık değerleri kitabı bitirmek ve yayınlatmak; başarılı bir yazar olmak hedeflerimin aksine, zaten hiçbir zaman tamamlayamayacağım, tüketemeyeceğim yalnızca, *kuzeye varmasam da kuzeye gidebilmem* için, beni yönlendirecek **değerler**.

Kitabımın bitmesiyle birlikte kendime karşı anlayışlı olmayı kesmeyeceğim.

Kitabımın yayınlanmasıyla birlikte yardımsever davranmaktan vazgeçmeyeceğim.

Kitabımın beğenilip çok satması halinde yaratıcılığa sırt çevirmeyeceğim.

Kendi Değerlerinizi Bulmak

"Yolunu kendin yürüyebilmek için, yönünü kendin koymak zorundasın."
Oruç Aruoba

Hayat denen bekleme salonuna hoş geldiniz.

Siz yaşamak için neyi bekliyorsunuz?

Depresyonunuzun geçmesini mi; kaygılarınızın azalmasını mı; korkularınızı yenmeyi mi; öfkenizin dinmesini mi; *içinizden gelmesini* mi; yoksa ağrılarınızı geçirecek çareyi mi...

Ancak beklediğimiz geldiğinde mi dışarı çıkacak; o kursa kayıt yaptıracak, o işe başvuracak, içimizden geldiği gibi dans edecek, eşimize çiçek alacak, leylekleri görünce baharın gelişine sevinecek, seyahat edecek, arkadaş edinecek; ancak o zaman mı yaşamaya başlayacağız?

Acının yönetimi devraldığı hayatlarda, değerler çalışması bir enkaz kaldırma çalışmasını andırabilir. Hakkını vererek yaşamak için önceliğimiz bir şeyleri –depresyonu, panik bozukluğu, ağrıları, sosyal ortam korkusunu– hayatımızdan çıkarmak olmuşsa eğer, bizim için önem arz eden değerlerle temasa geçmek zor olabilir.

Üzüntümüzle, korkularımızla, endişelerimizle, acılarımız ağrılarımızla, düşüncelerimizle verdiğimiz mücadele o kadar tüketmiştir ki bizi, değerlerimiz hakkındaki sorulara verdiğimiz cevaplarda bize acı veren şeylerden kurtulmuş olmayı hedef gösteririz.

"Bilmiyorum... Yalnızca artık kurtulmak istiyorum şu mutsuzluktan!"

"Canım çok yanıyor... Bu acı geçsin istiyorum... Başka bir şey düşünemiyorum."

"Tükendim... Artık sağlığıma kavuşmak istiyorum."

"Şu öfkemi kontrol edebilsem her şey yoluna girecek."

"Hiçbir şey istemiyorum, aklımdaki saçma sapan düşünceler gitsin yeter."

Durum böyle olduğunda, artık bilmediğimize (değerlerimize), bildiğimizden (acımızdan) yola çıkarak ulaşabiliriz. Ne de olsa süpervizörümün de dediği gibi, "İnsanlar, değer verdikleri yerlerden kanarlar."

Mutsuzluğunuzun, depresyonunuzun; ağrılarınızın, panik ataklarınızın, endişenizin, öfkenizin veya size rahatsızlık veren düşüncelerinizin, bir başka deyişle *acınızın en acı tarafı nedir?*

Kitabın ilk bölümünde bahsettiğim gibi panik ataklarımla mücadele ettiğim dönem boyunca tek dileğim panik ataklarımın yok olmasıydı. Panik ataklarımın kendisinin verdiği bedensel rahatsızlık küçümsenemezdi elbette ancak panik ataklarım yüzünden taviz verdiğim şeylerin acısının çok daha ağır bastığı zamanlar oluyordu.

Acımın –panik ataklarımın– *en acı tarafı* evden çıkamıyor olmaktı. Evden çıkamadığım için sevdiğim insanlarla bağımın gün geçtikçe azalmasıydı. Evden çıkamadığım için internete ve telefona bağlı yaşamaktı. Her şeyi evden halletmeye çalışmaktı. Yapmak istediğim onca şeyi –seyahat etmeyi, sinemaya gitmeyi, spor yapmayı– askıya almaktı. Hayatı askıya almaktı.

İnsanlarla bağ kurmaya ve özgürlüğe değer vermeseydim panik ataklarımdan dolayı evden çıkamıyor olmam o denli üzmezdi beni.

Her madalyonun iki yüzü varsa eğer; acının öteki yüzü değerlerimizdir. Bir şeyden kurtulmayı bu kadar arzulamamızın sebebi, verdiği acı kadar, o varken yapamadığımız şeylere; ihmal ettiğimiz, geri kaldığımız şeylere duyduğumuz özlemimizden de kaynaklanıyor olabilir. Belki de yalnızca semptomlarımızdan kurtulmak istemiyoruzdur, semptomlardan kurtularak zamanda hayatımızı geri almak da istiyoruzdur.

Acının arkasındaki değeri gördüğümüzde onunla verdiğimiz mücadeleyi belki biraz da olsa azaltabilir, ona yer açmak için gönüllü olabilir ve acının varlığıyla birlikte değerlerimiz doğrultusunda harekete geçebiliriz.

Eğer harekete geçmezsek, harekete geçeceğimiz ana kadar depresyonun, kaygının, korkunun, öfkenin, motivasyonsuzluğun veya kronik hastalığın verdiği acı yetmiyormuş gibi üstüne bir de arzu ettiğimiz, bizi tatmin edecek hayatı yaşamamanın acısının eklendiği bir hayat süreceğiz.

Bekleme salonundaki hayal kırıklığının rutubet kokusunu; tüm salonu sallayan sabırsızlığı iyi bilirim. Panik bozuklukla mücadele verdiğim dönemde az zaman geçirmedim o uğultunun içinde. O yüzden gönül rahatlığıyla söyleyebilirim: Beklemek hiçbir sorunu çözmüyor. Sağlamasını yaptım, bizi kandırmışlar, meğer zaman değil, zamanla ne yaptığımızmış bizi iyileştiren.

Yazının burası biraz tılsımlı:

Farz edin ki süper güçlerim var benim.

Farz edin ki bu cümleyi okuduktan sonra süper güçlerim size tesir edecek ve artık hayatınızı kısıtlayan ve size acı veren o meselenin yükünden kurtulacaksınız.[35]

Artık ne üzüntünüz ne korkularınız ne öfkeniz ne ağrılarınız eskisi kadar etkileyecek sizi.

Sağlıklısınız artık. Başarılısınız. Olumlu, özgüveni yüksek, huzurlu, mutlu bir insansınız.

Ne yaparsanız yapın insanlar tarafından kabul görüyor, saygı duyuluyor ve seviliyorsunuz.

Bir başka deyişle artık ne istiyorsanız ona sahipsiniz.

İsteyip artık sahip olduğunuz o şey, neyin bir parçası olurdu?

Neyi yapabilmeniz konusunda yardımcı olurdu?

Neleri daha farklı, daha az veya daha çok yapmaya başlardınız?

Sahip olmayı arzulayıp artık sahip olduğunuz o şeyi ne için kullanırdınız?

---

35 Bu soru, Steven Hayes'in *Get out of Your Mind & into Your Life* kitabındaki "sihirli değnek" sorusundan uyarlanmıştır. Steven C. Hayes ve Spencer Smith, *Get out of Your Mind & into Your Life: The New Acceptance & Commitment Therapy*. Oakland, New Harbinger Publications, 2005.

Bu sorular birer fırsat. Daha derine inebilmeniz için.

Zihninizin ve kalbinizin yapmayı sevdiği, size tatmin veren, sizi yaşamla temasa geçiren şeylerin arasında dolaşması için.

Bu sorular birer fırsat. Durmak için, tartmak için; "Neredeyim?" diye sormak için; güncellenmek, gerekiyorsa rotayı en baştan hesaplamak için. Bırakın bu sorular sizi bir süre takip etsin. Cevaplar hemen çıkagelmeyebilir ancak alelacele yanıtlamaya lüzum yok.

Hayatınızın Belgeseli

İnsanların hayatlarını konu alan belgesel filmlere bayılırım. Bir insanın yola nereden çıktığını, nerelerden geçtiğini, nerelerden kırıldığını, kırıklarını nasıl sardığını, nasıl büyüyüp değiştiğini izlemek hoşuma gider. Bu filmlerin en sevdiğim kısmı da, ailesinin ve arkadaşlarının kişi hakkında söyledikleridir. Konuşan kişi durgunlaştığında ve kamera yakın plana geçtiğinde, çok etkileyici bir şey söylemek üzere olduklarını anlarsınız. "Kalbinde her zaman her canlıya yer vardı. Yardım etmek için yolunu değiştirirdi" veya "Ne kadar meşgul olursa olsun, bir derdiniz olduğunda yaptığı her şeyi bırakıp tüm dikkatini size verirdi. Size baktığında, size *gerçekten* baktığını hissederdiniz. O an onun için daha önemli başka hiçbir şey yokmuş gibi..."

Bu tarz açıklamalar, filmin konu aldığı kişinin değerleri hakkında ipuçları taşır. Örneğin yukarıdaki cümlelerde seyirci, o kişinin yaşamının hangi değerlerin güdümünde olduğunu güçlü bir şekilde hissedebilir: şefkat, sevgi dolu nezaket, cömertlik, duyarlılık...

Şimdi bir de kendi hayatınızın belgeselinin çekildiğini hayal edin. Hayatınızın sonunda duruyorsunuz. Ve geriye dönüp baktığınızda dolu dolu ve anlamlı bir hayat yaşadığınızı görüyorsunuz. Bu filmde, sizi tanıyan kişilerle yapılan röportajlar yer alacak ve hayatınızın başlıca olayları konu edilecek. Aileniz, arkadaşlarınız, çocuklarınız, iş arkadaşlarınız, komşularınız, hatta hep gittiğiniz o kafedeki garson sizin nasıl biri olduğunuzu, özelliklerinizi, ilişkilerinizdeki duruşunuzu, kendinize ve başkalarına nasıl davrandığınızı, hayattaki amacınızı anlatacaklar.

Bu insanlar neler söylesin isterdiniz? Ne deseler izlerken tüyleriniz diken diken olurdu? Ebeveynlerinizin sizin nasıl bir evlat olduğunuza dair neler söylesin? Çocuklarınız sizin ebeveynliğinize dair nelerden bahsetsin? Sevdiğiniz insanlar onların hayatında oynadığınız rol hakkında ne desin? Peki ya zorluklarla, can yakan durumlarla karşılaştığınızda bunlarla nasıl baş ettiğinize dair neler anlatsınlar? Sizin için en önemli şeylerin neler olduğunu söylesinler?

Bu sorular bize, bizim için önemli olanı; olanlara, şartlara, koşullara rağmen hayatımıza anlam katanları hatırlatmak için. Hatırlatsınlar ki kendimize daha iyi bakalım. Hatırlatsınlar ki değerlerimizden yeni hedefler, yeni süreçler filizlensin ve yaşamımızı A'dan Z'ye, değerleriyle, hedefleriyle, süreçleriyle bir bütün olarak görebilelim. Ve daha anlamlı bir hayat için yavaş yavaş harekete geçelim.

DAHA FAZLA OKUMAK İSTEYEN MERAKLISINA

Brene Brown, *Cesur Yanınızı Kucaklayın*, çev. Meriç Selvi, Martı Yayınları.

Brene Brown, *Kuvvetle Ayağa Kalkmak*, Butik Yayıncılık.

Brene Brown, *Mükemmel Olmamanın Hediyeleri*, Butik Yayıncılık.

Christophe Andre, *Meditasyon*, çev. Hasan Can Utku, Pegasus.

Dalai Lama ve Victor Chan, *Şefkatin Bilgeliği,* AYA Yayınevi.

Dalai Lama, *Zihni Dönüştürmek: Şefkat Yaratmak ve Hayatımızı Dönüştürmek Üstüne Sekiz Kıta,* Okyanus Yayıncılık.

Jon Kabat-Zinn, *Neredeysen Orada Ol*, Hüseyin Göksu, Kuraldışı Yayınevi.

Joseph V. Ciarrochi, Louise Hayes, Ann Bailey, *Gençler İçin: Zihninden Çık Hayatına Gir,* çev. Yavuz Selim Altındal, Litera.

Kültegin Ögel, *Farkındalık (Ayrımsama) ve Kabullenme Temelli Terapiler*, HYB Yayıncılık. (Psikoterapistler için de uygundur.)

Mark Williams, Danny Penman, *Farkındalık-Çılgın Bir Dünyada Huzur Bulmak İçin Pratik Bir Rehber*, çev. Ekin Duru, Pegasus.

Mark Williams, John Teasdale, Zindel Segal, John Kabat-Zinn, *İyi Hissetme Sanatı,* çev. Zeliha Handan Haktanır, Diyojen Yayıncılık.

Nancy Bardacke, *Farkındalıkla Doğum*, çev. Özge Onan, Doğan Novus.

Pema Chödrön, *Her Şey Darmadağın Olduğunda*, Okyanus Yayıncılık.

Pema Chödrön, *Sıçrayış*, Dharma Yayınları.

Rezvan Ameli, *25 Farkındalık Dersi*, çev. Zümra Atalay, Kültegin Ögel, Nobel Akademik Yayıncılık.

Russ Harris, *Act'i Kolay Öğrenmek*, çev. Hasan Turan Karatepe, Litera. (Psikoterapistler için de uygundur.)

Russ Harris, *Gerçeğin Tokadı*, çev. Çağlar Şaher, Litera.

Russ Harris, *Mutluluk Tuzağı*, çev. Çağlar Şaher, Litera.

Russ Harris, *Özgüven Boşluğu*, çev. Çiğdem Balkanlı, Diyojen Yayıncılık.

Shamash Alidina, *Bilinçli Farkındalık For Dummies*, çev. Zeliha Babayiğit, Nobel Yaşam.

Thich Nhat Hanh, *Farkındalığın Mucizesi*, çev. Fezal Gülfidan, Kuraldışı Yayınları.

Thich Nhat Hanh, *Tadını Çıkar*, çev. Cenk Volkan, Koton Kitap.

Thich Nhat Hanh, *Yaşam Şimdiki Andadır-Huzurun Kendisi Olmak*, çev. Nur Yener, Okyanus Yayıncılık.

Vidyamala Burch, *Sağlık İçin Farkındalık-Ücretsiz Meditasyon CD'si*, çev. Sılacan Köseler, Pegasus.

Zümra Atalay, *Mindfulness: Şimdi ve Burada*, Psikonet. (Psikoterapistler için de uygundur.)

Zümra Özyeşil, Öz-*Anlayış ve Bilinçli Farkındalık*, Maya Akademi. (Psikoterapistler için de uygundur.)

KAYNAKÇA

Barış Bıçakçı, *Bizim Büyük Çaresizliğimiz*, İletişim Yayınları, 2004.

Burrhus Frederic Skinner, *About Behaviorism*, Knopf, New York, 1974.

Carl Rogers, *Kişi Olmaya Dair*, Okuyan Us Yayınevi, 2011.

Christopher Germer, *The Mindful Path to Self-Compassion: Freeing Yourself from Destructive Thoughts and Emotions,* The Guilford Press, 2007.

Christopher Germer, Ronald Siegel, Paul Fulton (Ed.), *Mindfulness and Psychotherapy,* New York, Guilford Press, 2016.

David Chantry, *Talking ACT: Notes and conversations on acceptance and commitment therapy,* Reno, Nev. Oakland, CA: Context Press Distributed by New Harbinger Pub. 2007.

Jon Kabat-Zinn, *Wherever You Go, There You Are: Mindfulness Meditation in Everyday Life*, Hyperion, 1994.

John T. Blackledge, *Cognitive Defusion in Practice*, New Harbinger Publications, 2015.

Julian Jaynes, *The Origin of Consciousness in the Breakdown of the Bicameral Mind,* Boston, Houghton Mifflin, 1976.

Kristin Neff, *Self-compassion: The proven power of being kind to yourself*, New York, William Morrow, an imprint of HarperCollins, 2011.

L. J. Hayes, "The Psychological Present", *Behavior Analyst*, sayı 15, 1992.

Mevlânâ Celaleddin Rumi, *Mesnevi*, "Misafirhane", C. 5-3676, çev. Vehbi Taşar; Coleman Barks "Essential Rumi".

Michele M. Tugade, Michelle N. Shiota, Leslie D. Kirby (Ed.); *Handbook of Positive Emotion;* J. E. Stellar, D. Keltner, "Compassion", New York, Guilford Press, 2014.

Muzeffer İzgü, *Zıkkımın Kökü*, Bilgi Yayınevi, 1988.

Paul Gilbert, *The Compassionate Mind*, Londra, Constable, 2009.

Steven C. Hayes, Kirk D. Strosahl, Kelly G. Wilson, *Acceptance and Commitment Therapy, The Process and Practice of Mindful Change*, The Guilford Press, 2011.

Viktor E. Frankl, *İnsanın Anlam Arayışı,* Okuyan Us Yayınları, 2009.

Zindel V. Segal, J. Mark G. Williams, John D. Teasdale, *Mindfulness-Based Cognitive Therapy for Depression*, The Guilford Press, 2001.